中国特色社会主义经济建设协同创新中心资助项目

中国城市家庭住房消费调查报告
（2015）

China Urban Household Housing Consumption
Survey Report
（2015）

周京奎　等著

经济科学出版社

图书在版编目（CIP）数据

中国城市家庭住房消费调查报告.2015／周京奎等著.
—北京：经济科学出版社，2016.2
ISBN 978 - 7 - 5141 - 6599 - 9

Ⅰ.①中… Ⅱ.①周… Ⅲ.①城市 - 住宅 - 消费 -
调查报告 - 中国 - 2015 Ⅳ.①F299.233.5

中国版本图书馆 CIP 数据核字（2016）第 027582 号

责任编辑：王东萍
责任校对：郑淑艳
责任印制：李 鹏

中国城市家庭住房消费调查报告 （2015）

周京奎 等著

经济科学出版社出版、发行 新华书店经销

社址：北京市海淀区阜成路甲 28 号 邮编：100142

教材分社电话：010 - 88191344 发行部电话：010 - 88191522

网址：www. esp. com. cn

电子邮件：espbj3@ esp. com. cn

天猫网店：经济科学出版社旗舰店

网址：http：//jjkxcbs. tmall. com

北京密兴印刷有限公司印装

710×1000 16 开 12.25 印张 210000 字

2016 年 3 月第 1 版 2016 年 3 月第 1 次印刷

ISBN 978 - 7 - 5141 - 6599 - 9 定价：39.00 元

　　本报告得到中国特色社会主义经济建设协同创新中心梁琪教授负责的"中国特色社会主义经济理论建设平台"的资助，在此表示感谢！此外，本报告还得到国家社会科学基金重大项目"京津冀交通、环境及产业协同发展机制创新研究"（15ZDA019）、国家社会科学基金重点项目"新型城镇化背景下城市产业承载力提升路径与政策选择研究"（14AZD110）、教育部人文社会科学重点研究基地重大项目"产业转型升级与创新型经济发展——以要素价格—技术选择动态关系视角的理论与实证研究"（14JJD790004）资助。

前　言

　　随着中国新型城镇化建设的发展和中国经济进入新常态，住房问题作为重要的民生问题将长期受到各级政府、企业、居民关注，但关注点已不是市场供给问题，而是供给如何适应需求问题，也就是说了解住房消费现状及趋势，是政府制定决策、企业制定发展决策及居民做出理性消费决策的关键，也是规避市场风险的关键。从这一层面来看，住房消费问题是事关我国社会经济协调发展的重大经济问题，而掌握家庭住房消费基础数据是解决住房消费问题的关键。为此，南开大学经济学院周京奎教授牵头的房地产与城市发展研究小组，于2015年6~8月间展开中国首次全国性的住房消费调查，并基于调查数据撰写了中国首部住房消费领域的调查报告《中国城市家庭住房消费调查报告》。

　　周京奎教授牵头的中国城市家庭住房消费调查研究，经历了研究规划阶段、启动前期的研究队伍组建、启动前期的资料准备阶段、问卷调查前期筹划阶段、问卷调查启动阶段、数据处理阶段和报告写作阶段。

　　在启动前期的研究队伍组建阶段，成立了以周京奎教授为主要牵头人，其博士生、硕士生为核心成员的紧密型研究队伍。同时，邀请包括南开大学、天津农学院、首都经济贸易大学、山东大学威海分校、山东财经大学、湘潭大学、南华大学、江苏师范大学、太原师范学院、哈尔滨商业大学、秦皇岛职业技术学院、江西财经大学、深圳大学等高校的教师加入参与数据收集工作，构建了集学术研究、调查研究于一体的综合性研究队伍。

　　在启动前期的资料准备阶段，研究小组根据数量经济研究所李柳玲老师和赵红梅老师的建议，我们于2014年下半年对文献进行了系统整理，包括1980~2014年国外重点期刊发表的有关住房消费研究的重点文献，梳理了其选题领域、研究方法、数据来源、关键变量及主要结论，这为我们设计住房消费调查问卷提供了有力的文献支撑。

　　在问卷调查前期筹划阶段，研究小组开展了两项工作。一是，与数量经济研究所的王健副教授进行了两次讨论，讨论的内容包括住房消费调查的意义、调查方法选择、调查样本的代表性问题。通过这两次长时间的讨论，研究小组确定了问卷调查方法。二是，根据设定的调查方法，于2015年4月清明节期间在天津市进行了试调查，共发放了100份问卷，并根据试调查结果对问卷进行较大幅度的修改。

在问卷调查启动阶段，向经济学院递交了有关住房消费调查研究的资金支持申请，得到了中国社会主义经济建设协同创新中心主任逄锦聚教授、南开大学经济学院院长梁琪教授、南开大学经济学院副院长周云波教授等领导的大力支持。问卷调查正式启动后，我们开始组建调查队伍。调研队伍由两部分组成：一是从天津市高校本科生中选拔；二是从调查城市选拔。在正式开展住房消费调查前，研究小组选派博士生赴各城市进行问卷调查培训。

在问卷调查实施阶段，研究小组为每位调查员发放了调研员证书，并为每个城市调查小组建立了微信群，研究小组成员通过微信群与调查小组成员保持实时联系。各城市调研员通过入户调查的方式，获得了真实详尽的家庭住房消费信息。

在问卷调查数据整理阶段，研究小组中的硕士研究生和博士研究生承担了数据录入工作，这有力地保障了数据录入的准确性。研究小组于2015年8月31日正式完成第一次调查和数据录入工作。本次调查共调查32个城市，收集2056个家庭样本，5201个家庭成员样本。

在调查报告撰写方面，研究小组完成了《中国城市家庭住房消费调查报告》的撰写工作。该报告共10章，包括第1章为抽样设计（王贵东负责）、第2章为家庭成员基本信息（王贵东负责）、第3章为工作特征及收入情况（白极星）、第4章为住房及基本消费支出（于静静负责）、第5章为住房消费偏好与交易信息（靳亚阁负责）、第6章为住房区位特征（靳亚阁负责）、第7章为未来家庭住房消费选择（黄雄负责）、第8章为住房调控政策影响（付贺银负责）、第9章为住房消费景气调查（赵天爽负责）、附录为住房搜寻行为（黄雄负责）。

经过近三年的筹划、前期准备和实施，周京奎教授牵头的房地产与城市发展研究小组已基本完成了既定研究任务，研究小组成员希望该项研究能够在政府制定住房发展政策、企业制定发展规划、解决住房民生问题方面提供强有力的数据支持和政策咨询，并为国内外学界同仁从事中国住房问题研究提供微观数据支持。

周京奎

2015年12月10日

目　录

第 1 章

抽样设计

1.1 抽 样 设 计

1.1.1 中国城市家庭住房消费调查项目

2015 年，南开大学经济研究所、南开大学滨海开发研究院房地产与城市发展研究中心启动了中国城市家庭住房消费调查项目，其调查对象为全国范围内的家庭户，该项目是对中国城市家庭住房消费的全面系统性入户调查，我们希望该调查结果能够填补中国城市家庭住房消费方面的空白。目前，我们的计划是：每年都对调查对象进行跟踪调查，并在后续的调查中适当扩充样本量。2015 年，我们的调查范围主要集中在市辖区，并分为两个部分：第一部分是家庭户调查，第二部分是家庭成员调查。

由于 2015 年是该项目启动的第一年，所以样本量相对较少。其中，家庭户样本为 2056 个，家庭成员样本为 5201 个。目前，样本覆盖了 32 个城市，包括安顺市、包头市、保定市、北京市、成都市、大同市、阜阳市、贵阳市、哈尔滨市、海口市、衡阳市、呼和浩特市、济南市、兰州市、洛阳市、吕梁市、南昌市、秦皇岛市、庆阳市、深圳市、石家庄市、太原市、天津市、天水市、威海市、乌鲁木齐市、湘潭市、忻州市、宿州市、徐州市、郑州市、遵义市。

同时，表 1-1 列出了 2015 年中国城市家庭住房消费调查项目的样本统计详情，从表中能够发现我们的调查项目中，每个城市的样本量是不同的；但这不影响我们的数据分析，因为在数据分析中，我们会对这 32 个城市分别赋权重，从而使得样本更真实地还原总体。

表 1-1　　　　　2015 年中国城市家庭住房消费调查项目数据情况　　　　单位：个

城市	家庭户计数	家庭成员计数
安顺市	32	75
包头市	88	202
保定市	100	202
北京市	92	235
成都市	79	176
大同市	80	181
阜阳市	10	20
贵阳市	77	160
哈尔滨市	94	232
海口市	50	108
衡阳市	100	257
呼和浩特市	30	90
济南市	90	237
兰州市	39	97
洛阳市	40	70
吕梁市	20	69
南昌市	91	251
秦皇岛市	100	250
庆阳市	40	111
深圳市	52	117
石家庄市	100	261
太原市	99	289
天津市	71	175
天水市	30	91
威海市	100	286
乌鲁木齐市	40	79
湘潭市	99	297
忻州市	40	119
宿州市	38	65
徐州市	95	309
郑州市	20	53
遵义市	20	37
汇总	2056	5201

1.1.2 抽样

(1) 抽样设计

抽样的设计必须要满足随机性和代表性。其中，对于随机性问题，我们利用电脑产生的随机数来确定调查的城市。对于代表性问题，我们使用城市家庭户户数和家庭户人口数来计算权重，即家庭户户数和家庭户人口数越大的城市，被抽中的概率越大。

中国城市家庭住房消费调查项目的抽样设计，除了需要满足随机性和代表性外，还需要满足以下四个特别要求：

一是城市的地理分布要覆盖到东、中、西、东北地区，考虑到第 1 年城市数量相对较少，我们压缩为东、中、西地区划分。而东、中、西划分，我们是参照《中国统计年鉴 2014》的划分，并将哈尔滨并入中部地区。

二是城市类型要覆盖到一线、准一线、二线、三线、四线、五线城市。而一线、准一线、二线、三线、四线、五线城市的划分，是南开大学经济研究所的自主品牌，衡量了城市承载力水平的高低，指标体系为一级、二级、三级、四级指标。其中，一级指标包括：1. 能源、资源，2. 生态，3. 交通，4. 经济，5. 人口、就业、社保，6. 教育、文化、卫生，7. 其他基础设施，8. 政治地位及区位优势。而详细的六线城市划分请参见本章附表 1。

三是为了突出京津冀城市群的重要性，我们提高了京津冀城市被抽中的概率。

四是以最经济有效的方式完成我们的调查。

表 1-2 为 32 个城市的地区分布、城市群分布和承载力情况。在地区分布方面，东部地区城市 10 个，中部地区城市 12 个，西部地区城市 10 个。在承载力水平方面，一线城市 1 个，准一线城市 2 个，二线城市 5 个，三线城市 7 个，四线城市 15 个，五线城市 2 个。在城市群方面，保定、北京、秦皇岛、石家庄、天津 5 个城市属于京津冀城市群。

表 1-2 城市类别

城市	地区	承载力	是否属于京津冀
安顺	西部地区	五线城市	否
包头	西部地区	四线城市	否
保定	东部地区	三线城市	是

续表

城市	地区	承载力	是否属于京津冀
北京	东部地区	一线城市	是
成都	西部地区	二线城市	否
大同	中部地区	四线城市	否
阜阳	中部地区	四线城市	否
贵阳	西部地区	三线城市	否
哈尔滨	中部地区	二线城市	否
海口	东部地区	四线城市	否
衡阳	中部地区	四线城市	否
呼和浩特	西部地区	四线城市	否
济南	东部地区	二线城市	否
兰州	西部地区	四线城市	否
洛阳	中部地区	三线城市	否
吕梁	中部地区	四线城市	否
南昌	中部地区	三线城市	否
秦皇岛	东部地区	四线城市	是
庆阳	西部地区	五线城市	否
深圳	东部地区	准一线城市	否
石家庄	东部地区	二线城市	是
太原	中部地区	三线城市	否
天津	东部地区	准一线城市	是
天水	西部地区	四线城市	否
威海	东部地区	四线城市	否
乌鲁木齐	西部地区	三线城市	否
湘潭	中部地区	四线城市	否
忻州	中部地区	四线城市	否
宿州	中部地区	四线城市	否
徐州	东部地区	三线城市	否
郑州	中部地区	二线城市	否
遵义	西部地区	四线城市	否

本项目的抽样方案共分为两阶段，第一阶段抽样在全国抽取城市；第二阶段从抽取的城市中选择在校大学生作为调查员，有偿地以问卷形式调查该城市家庭户的住房消费情况。

由于第一阶段为南开大学经济研究所的可控阶段，故在第一阶段我们基本能够满足抽样的随机性要求；但在第二阶段，由于被抽中城市的在校大学生其调查范围难以控制，故第二阶段的样本随机性完全由该城市的在校大学生自行把握。

而对于代表性的问题，在校大学生在进行具体问卷调查时，我们并不要求具体的哪个城市一定要调查具体数量的家庭。其原因：一是，以实事求是的态度，能够调查多少就调查多少，降低了调查员为了完成一定数量而违规编造数据的风险。二是，尽可能节约调查成本，考虑到被调查城市的大学与南开大学的合作紧密程度；合作程度越紧密，则可以获得更多的在校大学生作为调查员，从而获得更多的样本。三是，即使每个城市的样本量与该城市的家庭户户数或家庭户人口数不成比例，我们仍然能够在数据分析时，通过调节城市的权重来满足代表性。

（2）数据分析处理

在获得调查数据后，我们要做的是更好地根据已有的样本数据来描述总体。我们知道，家庭户户数或家庭户人口数越多的城市，应当具有更强的代表性。我们对总体的描述中，均通过家庭户户数或家庭户人口数做相应的调整，为了更好地统一口径，我们采用的权重是一个综合权重，具体算法为：综合权重 = 家庭户户数权重 × 0.5 + 家庭户人口数权重 × 0.5。表 1 - 3 为我们计算出的城市权重。

表 1 - 3　　　　　　　　　城市权重

地区	家庭户户数	户数权重（%）	家庭户人口数	人口权重（%）	户规模	综合权重（%）
徐州市	612464	1.85	1823337	2.08	2.977051712	1.96315
太原市	1067274	3.22	2937955	3.35	2.752765457	3.28467
秦皇岛市	333611	1.01	901621	1.03	2.702611724	1.01720
衡阳市	334105	1.01	990125	1.13	2.963514464	1.06834
哈尔滨市	1899620	5.74	5151195	5.87	2.711697603	5.80189
天津市	3108605	9.39	8486345	9.66	2.729952824	9.52673

地区	家庭户户数	户数权重（%）	家庭户人口数	人口权重（%）	户规模	综合权重（%）
安顺市	227975	0.69	728006	0.83	3.193358921	0.75881
包头市	747147	2.26	1957760	2.23	2.620314342	2.24309
北京市	6394889	19.32	15647716	17.82	2.446909712	18.56741
大同市	584587	1.77	1659473	1.89	2.838710064	1.82774
阜阳市	586097	1.77	1726444	1.97	2.945662578	1.86816
贵阳市	958301	2.89	2731474	3.11	2.850329907	3.00252
海口市	549454	1.66	1766621	2.01	3.215230028	1.83569
济南市	1275448	3.85	3617655	4.12	2.836379845	3.98607
湘潭市	272731	0.82	788782	0.90	2.89216114	0.86101
兰州市	842775	2.55	2251588	2.56	2.671635965	2.55481
乌鲁木齐市	1105813	3.34	2713300	3.09	2.453669834	3.21496
忻州市	162405	0.49	493255	0.56	3.037190973	0.52612
吕梁市	90748	0.27	286236	0.33	3.154185216	0.30003
呼和浩特市	655474	1.98	1738102	1.98	2.65167192	1.97957
宿州市	514960	1.56	1573982	1.79	3.056513127	1.67391
郑州市	1330948	4.02	3586751	4.08	2.694884398	4.05229
洛阳市	587831	1.78	1796138	2.05	3.055534669	1.91046
遵义市	366255	1.11	1027448	1.17	2.805280474	1.13815
天水市	318650	0.96	1075673	1.22	3.375719441	1.09371
庆阳市	102754	0.31	334489	0.38	3.255240672	0.34564
保定市	322529	0.97	964366	1.10	2.990013301	1.03619
成都市	2437679	7.36	6388666	7.28	2.620798719	7.31909
南昌市	643887	1.94	2024365	2.31	3.143975573	2.12506
深圳市	3587005	10.83	7573220	8.62	2.111293405	9.72934
石家庄市	815715	2.46	2370198	2.70	2.905669259	2.58148
威海市	268907	0.81	703573	0.80	2.616417572	0.80672

注：表中的家庭户户数及家庭户人口数数据为第六次人口普查中城市的市辖区汇总。

一般情况下，我们使用的权重是综合权重；只有在极特殊的情况下，我们将会采用户数权重或人口权重，当使用户数权重或人口权重时，我们会在报告中特别说明。

我们对全国平均的计算公式为：全国平均值＝城市 1 的平均值×城市 1 的综合权重＋城市 2 的平均值×城市 2 的综合权重＋…＋城市 32 的平均值×城市 32 的综合权重。从这个公式中，可以看到每个城市的样本量已不再重要，因为在计算全国平均值时我们最感兴趣的是每个城市的平均值，而非每个城市的样本量。

1.2　调 查 员 情 况

中国城市家庭住房消费调查项目的调查员为全国各个高校的优秀本科生，主要为大一或大二学生。选择大一、大二学生是出于以下考虑，中国城市家庭住房消费调查项目是一个跟踪调查项目，并且至少要连续跟踪三年，而大一、大二学生基本能够保证三年的跟踪调查不中断。

调查员的召集，主要是通过联系调查城市的大学学校领导、学院领导或老师，以社会实践等方式择优选拔。另外，学生也可自愿报名，但需通过调查城市的大学或南开大学的选拔筛选。而在每个城市，我们都将选拔一名最优秀的调查员作为组长，负责与南开大学的直接联系。

在调查员开展调查前，南开大学将派培训人员到调查城市的大学进行系统培训。培训内容包括：第一，内容讲解。培训人员通过课堂 PPT，课下 QQ 群、微信群、电子邮件等灵活方式对问卷内容进行讲解及答疑。第二，访问技巧。包括如何礼貌沟通被调查者，如何获得被调查者的信赖，突出强调调查的学术性、公益性和非商业性，声明对被调查者私人信息的保密性等。

调查员的报酬。为了更快地获得数据，南开大学 2015 年采用了预支的形式。在调查前，我们将估算的费用先交付给调查员组长，由组长将费用向下分配。目前，组长手中的费用主要分为三部分，第一部分是给予被调查者，第二部分是给予调查员，第三部分是问卷寄回的快递费。费用采取多退少补形式。同时，调查员还获得南开大学给予的一些实物奖励，并根据需要获得社会实践证明。

1.3 数据可信度

我们将从多个方面将我们的调查数据与国家统计局做相应的比较。目前，可做比较的数据包括《中国统计年鉴2014》、《中国人口和就业统计年鉴2014》、《中国城市统计年鉴2014》、第六次人口普查数据，分别对应着2013年、2013年、2013年、2010年数据。下面我们将选择合适的参照数据：

首先，《中国统计年鉴2014》和《中国人口和就业统计年鉴2014》。这两套数据只有省级数据，更不存在市辖区和非市辖区数据，故不是我们理想的对比数据。

其次，《中国城市统计年鉴2014》。该数据虽然含有市辖区数据，但是由于该数据的人口统计均为户籍人口，而非常住人口，这正好与我们调查数据中的常住人口口径相悖。

最后，第六次人口普查数据。第一，该数据包括了市辖区数据，甚至包括了乡、镇、街道级数据。第二，该数据中的人口数据为常住人口数据，正好与我们调查数据口径一致。第三，该数据为普查数据，数据的精确度非常高。第四，该数据的缺点是时间较久，为2010年11月1日数据。

综合考虑以上四个数据的优劣，我们选中第六次人口普查数据作为理想数据，从第六次人口普查数据中采集出安顺市、包头市、保定市、北京市、成都市、大同市、阜阳市、贵阳市、哈尔滨市、海口市、衡阳市、呼和浩特市、济南市、兰州市、洛阳市、吕梁市、南昌市、秦皇岛市、庆阳市、深圳市、石家庄市、太原市、天津市、天水市、威海市、乌鲁木齐市、湘潭市、忻州市、宿州市、徐州市、郑州市、遵义市这32个城市的市辖区数据，与我们的调查数据进行对比。我们将按两个维度进行对比，一个是家庭户户规模，另一个是男女性别比。

1.3.1 家庭户户规模可信度

在家庭户户规模方面，我们分别汇总了32个城市第六次人口普查的市辖区家庭户户数数据和家庭户人口数据，从而计算得到32个市辖区户规模值，如表1-4所示。表1-4对比了第六次人口普查、中国城市家庭住房消费调查的市辖区户规模，可以看出每个城市的户规模都有一定的偏差，但是在经过加权处理后（权重为户数权重，见表1-3），32个城市的第六次人口普查的平均市辖区户规模为2.6525，而中国城市家庭住房消费调查的平均市辖区户规模为2.4412，两个数据偏差为7.97%，低于10%，故数据偏差是可以容忍的。我们认为数据的偏差很可能产生于时间因素，因为两套数据分别为2010年和2015年数据。

表1-4　　　　　　　　　市辖区户规模数据对比

城市	第六次人口普查			中国城市家庭住房消费调查		
	户数	人口数	户规模	户数	人口数	户规模
安顺市	227975	728006	3.19	32	75	2.34
包头市	747147	1957760	2.62	88	202	2.30
保定市	322529	964366	2.99	100	202	2.02
北京市	6394889	15647716	2.45	92	235	2.55
成都市	2437679	6388666	2.62	79	176	2.23
大同市	584587	1659473	2.84	80	181	2.26
阜阳市	586097	1726444	2.95	10	20	2.00
贵阳市	958301	2731474	2.85	77	160	2.08
哈尔滨市	1899620	5151195	2.71	94	232	2.47
海口市	549454	1766621	3.22	50	108	2.16
衡阳市	334105	990125	2.96	100	257	2.57
呼和浩特市	655474	1738102	2.65	30	90	3.00
济南市	1275448	3617655	2.84	90	237	2.63
兰州市	842775	2251588	2.67	39	97	2.49
洛阳市	587831	1796138	3.06	40	70	1.75
吕梁市	90748	286236	3.15	20	69	3.45
南昌市	643887	2024365	3.14	91	251	2.76
秦皇岛市	333611	901621	2.70	100	250	2.50
庆阳市	102754	334489	3.26	40	111	2.78
深圳市	3587005	7573220	2.11	52	117	2.25
石家庄市	815715	2370198	2.91	100	261	2.61
太原市	1067274	2937955	2.75	99	289	2.92
天津市	3108605	8486345	2.73	71	175	2.46
天水市	318650	1075673	3.38	30	91	3.03
威海市	268907	703573	2.62	100	286	2.86

城市	第六次人口普查			中国城市家庭住房消费调查		
	户数	人口数	户规模	户数	人口数	户规模
乌鲁木齐市	1105813	2713300	2.45	40	79	1.98
湘潭市	272731	788782	2.89	99	297	3.00
忻州市	162405	493255	3.04	40	119	2.98
宿州市	514960	1573982	3.06	38	65	1.71
徐州市	612464	1823337	2.98	95	309	3.25
郑州市	1330948	3586751	2.69	20	53	2.65
遵义市	366255	1027448	2.81	20	37	1.85
汇总			2.6525			2.4412

注：汇总值是经过加权调整的，其权重为户数权重。

1.3.2 男女性别比可信度

在男女性别比方面，我们分别汇总了 32 个城市第六次人口普查的市辖区男、女人口数据，从而计算得到 32 个市辖区男女性别比（其中，女标准化为100），如表 1-5 所示。表 1-5 对比了第六次人口普查、中国城市家庭住房消费调查的市辖区男女性别比，可以看出每个城市的男女性别比都有一定的偏差，但是在经过加权处理后（权重为人口权重，见表 1-3），32 个城市的第六次人口普查的平均市辖区男女性别比为 106.4089，而中国城市家庭住房消费调查的平均市辖区男女性别比为 107.7591，两个数据偏差为 1.27%，低于 5%，故数据偏差是可以容忍的。我们认为数据的偏差很可能产生于时间因素，因为两套数据分别为 2010 年和 2015 年数据。

表 1-5　　　　　　　　市辖区男女性别比数据对比

城市	第六次人口普查			中国城市家庭住房消费调查		
	男	女	男女性别比	男	女	男女性别比
安顺市	390920	374479	104.39	37	38	97.37
包头市	1078307	1018544	105.87	101	98	103.06
保定市	562760	575761	97.74	114	87	131.03
北京市	9727900	9099362	106.91	116	117	99.15
成都市	3758844	3656746	102.79	84	83	101.20

续表

城市	第六次人口普查			中国城市家庭住房消费调查		
	男	女	男女性别比	男	女	男女性别比
大同市	881668	855846	103.02	83	89	93.26
阜阳市	880546	888401	99.12	11	9	122.22
贵阳市	1557103	1477647	105.38	72	81	88.89
哈尔滨市	2971590	2907349	102.21	100	112	89.29
海口市	1060095	986075	107.51	60	46	130.43
衡阳市	574268	559699	102.60	134	122	109.84
呼和浩特市	1003721	977053	102.73	45	45	100.00
济南市	2196564	2139425	102.67	109	116	93.97
兰州市	1348861	1279565	105.42	46	50	92.00
洛阳市	964716	961363	100.35	39	20	195.00
吕梁市	162118	158024	102.59	35	33	106.06
南昌市	1222453	1135386	107.67	129	122	105.74
秦皇岛市	515073	514597	100.09	117	119	98.32
庆阳市	191458	186070	102.90	59	52	113.46
深圳市	5613545	4744836	118.31	52	59	88.14
石家庄市	1392429	1442513	96.53	134	117	114.53
太原市	1747119	1679400	104.03	138	148	93.24
天津市	5948246	5142537	115.67	87	83	104.82
天水市	610827	586347	104.18	45	46	97.83
威海市	425997	418313	101.84	135	143	94.41
乌鲁木齐市	1566816	1462556	107.13	41	38	107.89
湘潭市	493173	467130	105.58	138	148	93.24
忻州市	270071	274612	98.35	59	59	100.00
宿州市	832594	815048	102.15	35	27	129.63
徐州市	1003572	963642	104.14	145	155	93.55
郑州市	2176097	2077816	104.73	34	16	212.50
遵义市	554258	540613	102.52	24	13	184.62
汇总			106.4089			107.7591

注：汇总值是经过加权调整的，其权重为人口权重。

1.3.3　可信度评价

从户规模和男女性别比两个维度的数据对比来看，我们的数据特点为：虽然在每个城市中，具有较大的偏差；但是在 32 个城市汇总后，则偏差较小，基本在可以容忍的范围内。总而言之，我们的数据具有一定的代表性，基本可以反映出我国城市家庭住房消费的基本情况。

我们认为：在每个城市中，数据具有较大偏差的一个重要原因是数据的样本量较少，解决的方法是增加样本量，当我们按照 32 个城市汇总，或按照东部地区、中部地区和西部地区划分，或按照一线城市、准一线城市、二线城市、三线城市、四线城市和五线城市划分，或按照京津冀城市和其他城市划分时，我们的样本量则可以保证。而产生偏差的另外一个原因则是数据的时间不同，而这个原因对我们数据的可信度不构成任何影响。

本章附件 城市类型划分（N 线城市）

住房承载环境竞争力指数是由南开大学周京奎教授牵头的房地产与城市发展研究小组开发的一套评价城市住房环境承载力的工具。在计算城市住房承载环境竞争力的过程中，我们将城市划分为一线城市、准一线城市、二线城市、三线城市、四线城市、五线城市（见附表1）。

城市类型

N 线城市	排名	指标值	城市
一线城市	1	0.673658	北京市
一线城市	2	0.649819	上海市
准一线城市	3	0.599869	重庆市
准一线城市	4	0.49553	广州市
准一线城市	5	0.422191	深圳市
准一线城市	6	0.365613	天津市
二线城市	7	0.338662	成都市
二线城市	8	0.308892	武汉市
二线城市	9	0.288764	南京市
二线城市	10	0.274499	西安市
二线城市	11	0.27281	杭州市
二线城市	12	0.261179	苏州市
二线城市	13	0.243221	沈阳市
二线城市	14	0.227946	郑州市
二线城市	15	0.219876	东莞市
二线城市	16	0.211578	大连市
二线城市	17	0.205336	青岛市
二线城市	18	0.204136	佛山市
二线城市	19	0.20135	三沙市
二线城市	20	0.200751	哈尔滨市
二线城市	21	0.196257	宁波市
二线城市	22	0.192384	石家庄市

续表

N线城市	排名	指标值	城市
二线城市	23	0.191768	长沙市
二线城市	24	0.190653	合肥市
二线城市	25	0.188892	昆明市
二线城市	26	0.188875	济南市
二线城市	27	0.186414	无锡市
二线城市	28	0.176633	长春市
二线城市	29	0.173202	唐山市
二线城市	30	0.172981	福州市
三线城市	31	0.1663	太原市
三线城市	32	0.160806	南宁市
三线城市	33	0.159903	厦门市
三线城市	34	0.158286	徐州市
三线城市	35	0.15167	南昌市
三线城市	36	0.150754	温州市
三线城市	37	0.145781	潍坊市
三线城市	38	0.145121	南通市
三线城市	39	0.143588	邯郸市
三线城市	40	0.143572	乌鲁木齐市
三线城市	41	0.143308	泉州市
三线城市	42	0.141754	烟台市
三线城市	43	0.139998	常州市
三线城市	44	0.135952	保定市
三线城市	45	0.135539	绍兴市
三线城市	46	0.134839	淄博市
三线城市	47	0.132979	贵阳市
三线城市	48	0.132294	临沂市
三线城市	49	0.131727	汕头市
三线城市	50	0.127354	台州市
三线城市	51	0.127054	拉萨市
三线城市	52	0.122313	洛阳市
三线城市	53	0.120905	济宁市

续表

N线城市	排名	指标值	城市
三线城市	54	0.118342	珠海市
三线城市	55	0.117367	惠州市
四线城市	56	0.114847	兰州市
四线城市	57	0.114514	中山市
四线城市	58	0.114003	扬州市
四线城市	59	0.112951	嘉兴市
四线城市	60	0.112065	包头市
四线城市	61	0.110819	江门市
四线城市	62	0.110763	海口市
四线城市	63	0.110038	芜湖市
四线城市	64	0.109561	呼和浩特市
四线城市	65	0.109205	金华市
四线城市	66	0.107982	大庆市
四线城市	67	0.104263	邢台市
四线城市	68	0.103938	衡阳市
四线城市	69	0.103263	银川市
四线城市	70	0.102989	淮安市
四线城市	71	0.102489	泰州市
四线城市	72	0.102183	沧州市
四线城市	73	0.102043	盐城市
四线城市	74	0.10169	毕节市
四线城市	75	0.101577	阜阳市
四线城市	76	0.101419	鄂尔多斯市
四线城市	77	0.101397	襄阳市
四线城市	78	0.100883	湛江市
四线城市	79	0.100397	大同市
四线城市	80	0.100053	新乡市
四线城市	81	0.099434	吉林市
四线城市	82	0.098291	南阳市
四线城市	83	0.097903	镇江市
四线城市	84	0.097873	柳州市

续表

N 线城市	排名	指标值	城市
四线城市	85	0.097669	岳阳市
四线城市	86	0.097412	宜昌市
四线城市	87	0.097212	连云港市
四线城市	88	0.096585	咸阳市
四线城市	89	0.096532	鞍山市
四线城市	90	0.096378	湖州市
四线城市	91	0.096248	曲靖市
四线城市	92	0.095959	平顶山市
四线城市	93	0.094979	茂名市
四线城市	94	0.094714	泰安市
四线城市	95	0.094031	淮南市
四线城市	96	0.093742	遵义市
四线城市	97	0.093488	漳州市
四线城市	98	0.093065	菏泽市
四线城市	99	0.092907	安庆市
四线城市	100	0.092798	绵阳市
四线城市	101	0.091844	常德市
四线城市	102	0.091789	张家口市
四线城市	103	0.091757	枣庄市
四线城市	104	0.091092	九江市
四线城市	105	0.091078	莆田市
四线城市	106	0.090943	榆林市
四线城市	107	0.090825	秦皇岛市
四线城市	108	0.090811	聊城市
四线城市	109	0.090697	株洲市
四线城市	110	0.090303	南充市
四线城市	111	0.089454	商丘市
四线城市	112	0.089405	晋中市
四线城市	113	0.089062	周口市
四线城市	114	0.089019	赣州市
四线城市	115	0.088885	渭南市

续表

N 线城市	排名	指标值	城市
四线城市	116	0.088694	湘潭市
四线城市	117	0.088605	黄石市
四线城市	118	0.088529	赤峰市
四线城市	119	0.088094	宜春市
四线城市	120	0.08792	六安市
四线城市	121	0.087775	安阳市
四线城市	122	0.087773	德州市
四线城市	123	0.087767	桂林市
四线城市	124	0.087488	运城市
四线城市	125	0.086499	永州市
四线城市	126	0.08632	廊坊市
四线城市	127	0.086307	宿迁市
四线城市	128	0.08614	宜宾市
四线城市	129	0.086089	宝鸡市
四线城市	130	0.086084	西宁市
四线城市	131	0.086068	马鞍山市
四线城市	132	0.085875	长治市
四线城市	133	0.085448	蚌埠市
四线城市	134	0.085224	齐齐哈尔市
四线城市	135	0.08522	盘锦市
四线城市	136	0.084844	六盘水市
四线城市	137	0.084736	营口市
四线城市	138	0.084524	玉林市
四线城市	139	0.08438	朔州市
四线城市	140	0.084317	许昌市
四线城市	141	0.083846	滨州市
四线城市	142	0.083613	舟山市
四线城市	143	0.083507	淮北市
四线城市	144	0.083025	娄底市
四线城市	145	0.082909	郴州市
四线城市	146	0.08283	通辽市

N 线城市	排名	指标值	城市
四线城市	147	0.082788	威海市
四线城市	148	0.082465	东营市
四线城市	149	0.082334	滁州市
四线城市	150	0.082205	肇庆市
四线城市	151	0.082122	开封市
四线城市	152	0.081995	上饶市
四线城市	153	0.08191	邵阳市
四线城市	154	0.081655	亳州市
四线城市	155	0.081061	潮州市
四线城市	156	0.080783	达州市
四线城市	157	0.080744	揭阳市
四线城市	158	0.080555	晋城市
四线城市	159	0.080511	铜陵市
四线城市	160	0.080502	信阳市
四线城市	161	0.080241	日照市
四线城市	162	0.079884	锦州市
四线城市	163	0.07978	葫芦岛市
四线城市	164	0.079412	驻马店市
四线城市	165	0.079394	德阳市
四线城市	166	0.079043	泸州市
四线城市	167	0.07888	焦作市
四线城市	168	0.078836	抚顺市
四线城市	169	0.078807	临汾市
四线城市	170	0.078616	宣城市
四线城市	171	0.078407	孝感市
四线城市	172	0.078151	辽阳市
四线城市	173	0.078049	益阳市
四线城市	174	0.0777	衡水市
四线城市	175	0.077502	抚州市
四线城市	176	0.077412	宿州市
四线城市	177	0.076564	韶关市

续表

N 线城市	排名	指标值	城市
四线城市	178	0.075906	佳木斯市
四线城市	179	0.075683	龙岩市
四线城市	180	0.075203	衢州市
四线城市	181	0.074464	濮阳市
四线城市	182	0.074274	本溪市
四线城市	183	0.074021	遂宁市
四线城市	184	0.073937	铁岭市
四线城市	185	0.073575	乐山市
四线城市	186	0.073302	清远市
四线城市	187	0.073257	十堰市
四线城市	188	0.072963	梅州市
四线城市	189	0.072635	自贡市
四线城市	190	0.072555	丹东市
四线城市	191	0.072457	呼伦贝尔市
四线城市	192	0.072416	广安市
四线城市	193	0.072271	荆门市
四线城市	194	0.072243	新余市
四线城市	195	0.0722	伊春市
四线城市	196	0.072069	吉安市
四线城市	197	0.071977	绥化市
四线城市	198	0.0719	四平市
四线城市	199	0.071758	阜新市
四线城市	200	0.071554	三明市
四线城市	201	0.071342	鹰潭市
四线城市	202	0.070982	内江市
四线城市	203	0.070894	阳江市
四线城市	204	0.070784	丽水市
四线城市	205	0.070689	萍乡市
四线城市	206	0.070438	荆州市
四线城市	207	0.070314	宁德市
四线城市	208	0.070256	吕梁市

续表

N 线城市	排名	指标值	城市
四线城市	209	0.070153	怀化市
四线城市	210	0.069516	乌兰察布市
四线城市	211	0.069098	安康市
四线城市	212	0.068991	牡丹江市
四线城市	213	0.068876	钦州市
四线城市	214	0.068706	莱芜市
四线城市	215	0.068634	承德市
四线城市	216	0.068062	黄冈市
四线城市	217	0.067967	攀枝花市
四线城市	218	0.067774	来宾市
四线城市	219	0.067753	北海市
四线城市	220	0.067404	朝阳市
四线城市	221	0.067402	贵港市
四线城市	222	0.067186	松原市
四线城市	223	0.067176	汉中市
四线城市	224	0.067074	阳泉市
四线城市	225	0.067029	眉山市
四线城市	226	0.066996	通化市
四线城市	227	0.06696	资阳市
四线城市	228	0.066752	景德镇市
四线城市	229	0.066701	鄂州市
四线城市	230	0.066689	汕尾市
四线城市	231	0.066474	广元市
四线城市	232	0.066176	巴中市
四线城市	233	0.066113	中卫市
四线城市	234	0.06563	南平市
四线城市	235	0.065378	延安市
四线城市	236	0.065118	克拉玛依市
四线城市	237	0.065101	巴彦淖尔市
四线城市	238	0.06498	咸宁市
四线城市	239	0.064899	忻州市

续表

N 线城市	排名	指标值	城市
四线城市	240	0.064705	随州市
四线城市	241	0.064448	三亚市
四线城市	242	0.064237	乌海市
四线城市	243	0.062456	漯河市
四线城市	244	0.061041	铜川市
四线城市	245	0.060995	黄山市
四线城市	246	0.060743	梧州市
四线城市	247	0.060659	贺州市
四线城市	248	0.060292	石嘴山市
四线城市	249	0.060003	百色市
四线城市	250	0.059624	白银市
四线城市	251	0.059556	鹤壁市
四线城市	252	0.059251	三门峡市
四线城市	253	0.059036	池州市
四线城市	254	0.058974	酒泉市
四线城市	255	0.058785	吴忠市
四线城市	256	0.05858	临沧市
四线城市	257	0.057991	天水市
四线城市	258	0.05769	武威市
五线城市	259	0.057226	安顺市
五线城市	260	0.057135	庆阳市
五线城市	261	0.056974	河池市
五线城市	262	0.056758	黑河市
五线城市	263	0.056561	固原市
五线城市	264	0.05624	七台河市
五线城市	265	0.055962	丽江市
五线城市	266	0.055914	鸡西市
五线城市	267	0.0556	防城港市
五线城市	268	0.055463	昭通市
五线城市	269	0.054952	双鸭山市
五线城市	270	0.054777	雅安市

续表

N 线城市	排名	指标值	城市
五线城市	271	0.054149	河源市
五线城市	272	0.05282	普洱市
五线城市	273	0.052538	玉溪市
五线城市	274	0.051591	保山市
五线城市	275	0.051078	云浮市
五线城市	276	0.050671	嘉峪关市
五线城市	277	0.050644	商洛市
五线城市	278	0.050627	张掖市
五线城市	279	0.050149	铜仁市
五线城市	280	0.05009	定西市
五线城市	281	0.049584	白城市
五线城市	282	0.04903	辽源市
五线城市	283	0.047432	平凉市
五线城市	284	0.04652	金昌市
五线城市	285	0.045301	海东市
五线城市	286	0.044705	张家界市
五线城市	287	0.044556	崇左市
五线城市	288	0.039656	白山市
五线城市	289	0.039638	鹤岗市
五线城市	290	0.038034	陇南市

第 2 章

家庭成员基本信息

2.1 家庭户户规模

2015 年，中国城市家庭住房消费调查项目家庭户全样本中，家庭户样本为 2056 个，家庭成员样本为 5201 个。在全样本下，1 人户占比 6.83%，2 人户占比 21.42%，3 人户占比 52.95%，4 人户占比 12.84%，5 人户占比 3.65%，6 人户占比 2.31%。赋权后，1 人户占比 9.45%，2 人户占比 20.80%，3 人户占比 55.61%，4 人户占比 9.91%，5 人户占比 2.56%，6 人户占比 1.68%（见图 2-1）。

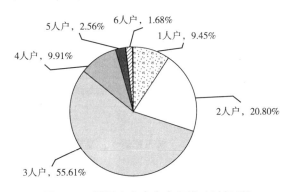

图 2-1 被调查家庭户户规模（赋权后）

图 2-2 为 32 个城市的家庭户户规模占比。从户规模的分布看，每个城市的户规模结构都有很大的不同。

表 2-1 为赋权后的不同维度下家庭户人口数占比情况。其中，东部地区家庭户户规模为 2.83 人/户，中部地区家庭户户规模为 2.86 人/户，西部地区家庭户户规模为 2.69 人/户；一线城市家庭户户规模为 4.02 人/户，准一

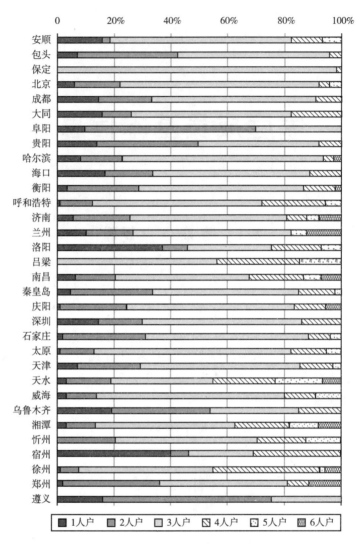

图 2-2　32 个城市家庭户户规模占比

线城市家庭户户规模为 2.75 人/户，二线城市家庭户户规模为 2.83 人/户，三线城市家庭户户规模为 2.78 人/户，四线城市家庭户户规模为 2.81 人/户，五线城市家庭户户规模为 2.93 人/户；京津冀城市家庭户户规模为 2.80 人/户，其他城市家庭户户规模为 2.81 人/户。

表 2 - 1　　　　　不同维度下被调查家庭人口数占比（赋权后）　　　单位：%

		1 人户	2 人户	3 人户	4 人户	5 人户	6 人户
地区分布	东部地区	7.62	19.51	60.00	9.21	2.84	0.82
	中部地区	10.46	19.48	52.55	11.63	2.49	3.38
	西部地区	12.30	24.98	49.42	9.58	2.00	1.72
城市类型	一线城市	18.57	5.96	16.17	70.21	3.40	4.26
	准一线城市	11.02	18.52	56.49	12.56	1.41	0.00
	二线城市	8.01	21.55	58.58	6.90	1.13	3.84
	三线城市	11.73	25.22	42.81	15.81	2.82	1.61
	四线城市	10.84	23.27	48.20	11.95	3.41	2.32
	五线城市	11.27	9.16	62.58	10.71	4.58	1.69
城市群	京津冀	5.84	21.79	62.44	6.32	3.61	0.00
	其他	11.20	20.31	52.29	11.65	2.04	2.50

2.2　性别结构

　　2015 年，中国城市家庭住房消费调查项目全样本中，男士 2558 名，女士 2491 名，未表明性别者 152 名，全样本男女性别比为 102.69（标准化女士为 100），赋权后男女性别比为 107.32。

　　若按地区分布划分，东部地区男女性别比为 102.59，中部地区男女性别为 103.31，西部地区男女性别比为 101.84。赋权后，东部地区男女性别比为 99.95，中部地区男女性别为 125.71，西部地区男女性别比为 103.55（见图 2 - 3）。

　　若按城市类型划分，一线城市男女性别比为 99.15，准一线城市男女性别比为 97.89，二线城市男女性别为 103.83，三线城市男女性别为 104.15，四线城市男女性别比为 102.01，五线城市男女性别比为 106.67。赋权后，一线城市男女性别比为 99.15，准一线城市男女性别比为 96.39，二线城市男女性别为 117.52，三线城市男女性别比为 111.07，四线城市男女性别比为

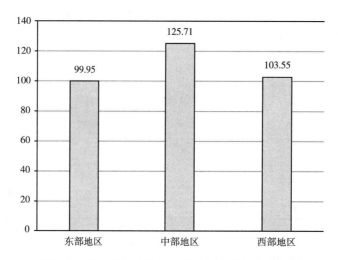

图 2-3　按地区分被调查家庭男女性别比（赋权后）

注：女士为 100。

110.35，五线城市男女性别比为 102.40（见图 2-4）。

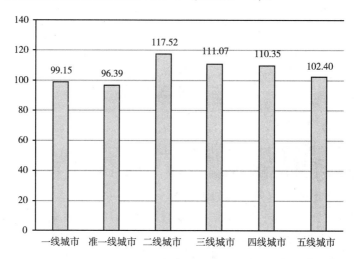

图 2-4　按城市类型分被调查家庭男女性别比（赋权后）

注：女士为 100。

　　若按城市群划分，京津冀城市男女性别比为 108.60，其他城市男女性别比为 101.12。赋权后，京津冀城市男女性别比为 102.99，其他城市男女性别比为 109.42（见图 2-5）。

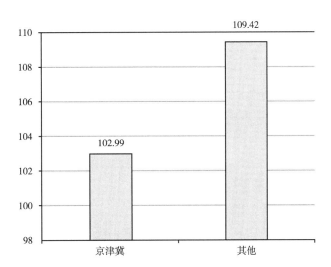

图 2 - 5 按城市群分被调查家庭男女性别比（赋权后）
注：女士为 100。

2.3 年 龄 结 构

2015 年，中国城市家庭住房消费调查项目，如图 2 - 6 所示，赋权后 0 ~ 9 岁的家庭成员占比为 4.44%，10 ~ 19 岁的家庭成员占比为 7.52%，20 ~ 29 岁的家庭成员占比为 21.80%，30 ~ 39 岁的家庭成员占比为 16.28%，40 ~ 49 岁的家庭成员占比为 30.99%，50 ~ 59 岁的家庭成员占比为 12.95%，60 ~ 69 岁的家庭成员占比为 2.88%，70 ~ 79 岁的家庭成员占比为 2.10%，80 ~ 89 岁的家庭成员占比为 0.97%，90 ~ 99 岁的家庭成员占比为 0.03%，100 ~ 109 岁的家庭成员占比 0.03%。

若按地区分布划分，如图 2 - 7 所示，赋权后东部地区以 40 ~ 49 岁、20 ~ 29 岁居多，中部地区以 40 ~ 49 岁、20 ~ 29 岁居多，而西部则以 40 ~ 49 岁、30 ~ 39 岁居多。

若按城市类型划分，如图 2 - 8 所示，赋权后一线城市以 40 ~ 49 岁、20 ~ 29 岁居多，准一线城市以 40 ~ 49 岁、20 ~ 29 岁居多，二线城市以 40 ~ 49 岁、30 ~ 39 岁居多，三线城市以 40 ~ 49 岁、20 ~ 29 岁居多，四线城市以 40 ~ 49 岁、20 ~ 29 岁居多，五线城市以 40 ~ 49 岁、20 ~ 29 岁居多。

若按城市群划分，如图 2 - 9 所示，赋权后京津冀城市以 40 ~ 49 岁、

20～29 岁居多，其他城市也以 40～49 岁、20～29 岁居多。

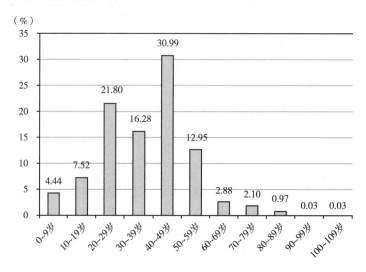

图 2-6　被调查家庭成员年龄结构（赋权后）

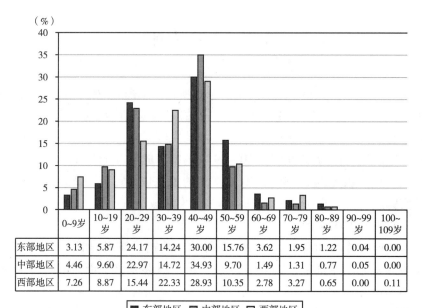

	0~9岁	10~19岁	20~29岁	30~39岁	40~49岁	50~59岁	60~69岁	70~79岁	80~89岁	90~99岁	100~109岁
东部地区	3.13	5.87	24.17	14.24	30.00	15.76	3.62	1.95	1.22	0.04	0.00
中部地区	4.46	9.60	22.97	14.72	34.93	9.70	1.49	1.31	0.77	0.05	0.00
西部地区	7.26	8.87	15.44	22.33	28.93	10.35	2.78	3.27	0.65	0.00	0.11

■ 东部地区　■ 中部地区　■ 西部地区

图 2-7　按地区分被调查家庭成员年龄结构（赋权后）

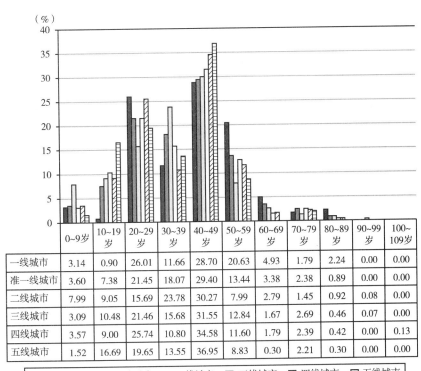

	0~9岁	10~19岁	20~29岁	30~39岁	40~49岁	50~59岁	60~69岁	70~79岁	80~89岁	90~99岁	100~109岁
一线城市	3.14	0.90	26.01	11.66	28.70	20.63	4.93	1.79	2.24	0.00	0.00
准一线城市	3.60	7.38	21.45	18.07	29.40	13.44	3.38	2.38	0.89	0.00	0.00
二线城市	7.99	9.05	15.69	23.78	30.27	7.99	2.79	1.45	0.92	0.08	0.00
三线城市	3.09	10.48	21.46	15.68	31.55	12.84	1.67	2.69	0.46	0.07	0.00
四线城市	3.57	9.00	25.74	10.80	34.58	11.60	1.79	2.39	0.42	0.00	0.13
五线城市	1.52	16.69	19.65	13.55	36.95	8.83	0.30	2.21	0.30	0.00	0.00

图 2-8　按城市类型分被调查家庭成员年龄结构（赋权后）

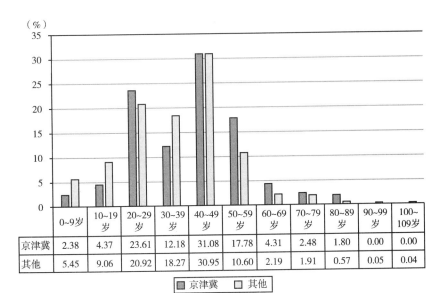

	0~9岁	10~19岁	20~29岁	30~39岁	40~49岁	50~59岁	60~69岁	70~79岁	80~89岁	90~99岁	100~109岁
京津冀	2.38	4.37	23.61	12.18	31.08	17.78	4.31	2.48	1.80	0.00	0.00
其他	5.45	9.06	20.92	18.27	30.95	10.60	2.19	1.91	0.57	0.05	0.04

图 2-9　按城市群分被调查家庭成员年龄结构（赋权后）

2.4 学历结构

2015 年，中国城市家庭住房消费调查项目，如图 2-10 所示，赋权后家庭成员中，3.01% 没上过学，5.76% 学历为小学，13.64% 学历为初中，16.78% 学历为高中，7.43% 学历为中专/职高，17.28% 学历为大专/高职，31.91% 学历为大学，3.51% 学历为硕士研究生，0.68% 学历为博士研究生。

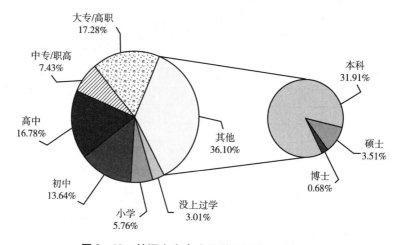

图 2-10 被调查家庭成员学历结构（赋权后）

若按地区分布划分，如图 2-11 所示，赋权后东部地区以本科、大专/高职学历居多，中部地区以本科、高中学历居多，西部地区以本科、大专/高职学历居多。

若按城市类型划分，如图 2-12 所示，赋权后一线城市以本科、大专/高职学历居多，准一线城市以本科、高中学历居多，二线城市以本科、大专/高职学历居多，三线城市以本科、高中学历居多，四线城市以本科、初中学历居多，五线城市以本科、初中学历居多。

若按城市群划分，如图 2-13 所示，赋权后京津冀城市以本科、大专/高职学历居多，其他城市以本科、高中学历居多。

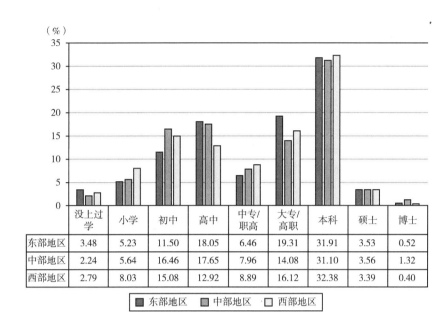

	没上过学	小学	初中	高中	中专/职高	大专/高职	本科	硕士	博士
东部地区	3.48	5.23	11.50	18.05	6.46	19.31	31.91	3.53	0.52
中部地区	2.24	5.64	16.46	17.65	7.96	14.08	31.10	3.56	1.32
西部地区	2.79	8.03	15.08	12.92	8.89	16.12	32.38	3.39	0.40

图 2−11　按地区分被调查家庭成员学历结构（赋权后）

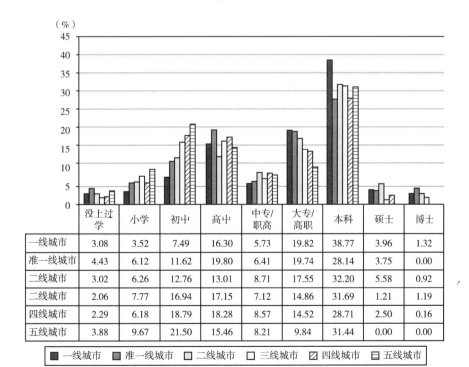

	没上过学	小学	初中	高中	中专/职高	大专/高职	本科	硕士	博士
一线城市	3.08	3.52	7.49	16.30	5.73	19.82	38.77	3.96	1.32
准一线城市	4.43	6.12	11.62	19.80	6.41	19.74	28.14	3.75	0.00
二线城市	3.02	6.26	12.76	13.01	8.71	17.55	32.20	5.58	0.92
二线城市	2.06	7.77	16.94	17.15	7.12	14.86	31.69	1.21	1.19
四线城市	2.29	6.18	18.79	18.28	8.57	14.52	28.71	2.50	0.16
五线城市	3.88	9.67	21.50	15.46	8.21	9.84	31.44	0.00	0.00

图 2−12　按城市类型分被调查家庭成员学历结构（赋权后）

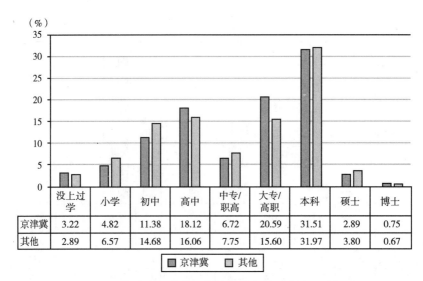

	没上过学	小学	初中	高中	中专/职高	大专/高职	本科	硕士	博士
京津冀	3.22	4.82	11.38	18.12	6.72	20.59	31.51	2.89	0.75
其他	2.89	6.57	14.68	16.06	7.75	15.60	31.97	3.80	0.67

■ 京津冀　□ 其他

图 2-13　按城市群分被调查家庭成员学历结构（赋权后）

2.5　政治面貌

2015 年，中国城市家庭住房消费调查项目，如图 2-14 所示，赋权后共青团员占比为 20.61%，中共党员占比为 21.44%，民主党派或其他党派占比为 0.77%，群众占比为 57.18%。

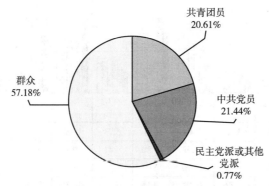

图 2-14　被调查家庭成员政治面貌结构（赋权后）

若按地区分布划分，如图 2-15 所示，赋权后东部、中部和西部地区均以群众居多；相对而言，东部地区和中部地区的共青团员略多于中共党员，而西部地区的中共党员则多于共青团员。

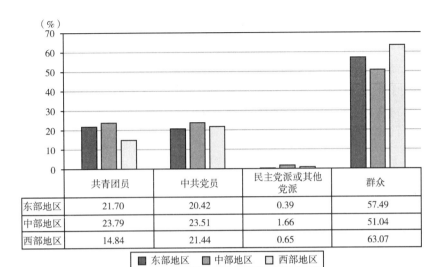

	共青团员	中共党员	民主党派或其他党派	群众
东部地区	21.70	20.42	0.39	57.49
中部地区	23.79	23.51	1.66	51.04
西部地区	14.84	21.44	0.65	63.07

■ 东部地区　■ 中部地区　□ 西部地区

图 2 – 15　按地区分被调查家庭成员政治面貌构成（赋权后）

　　若按城市类型划分，如图 2 – 16 所示，赋权后一线、准一线、二线、三线、四线和五线城市均以群众居多；相对而言，一线、四线城市的中共党员多于共青团员，而准一线、二线、三线、五线城市的共青团员则多于中共党员。

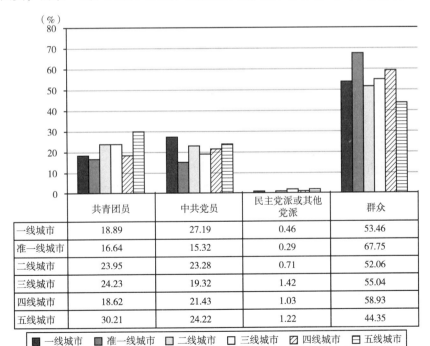

	共青团员	中共党员	民主党派或其他党派	群众
一线城市	18.89	27.19	0.46	53.46
准一线城市	16.64	15.32	0.29	67.75
二线城市	23.95	23.28	0.71	52.06
三线城市	24.23	19.32	1.42	55.04
四线城市	18.62	21.43	1.03	58.93
五线城市	30.21	24.22	1.22	44.35

■ 一线城市　■ 准一线城市　□ 二线城市　□ 三线城市　▨ 四线城市　▤ 五线城市

图 2 – 16　按城市类型分被调查家庭成员政治面貌结构（赋权后）

若按城市群划分，如图 2 - 17 所示，赋权后京津冀和其他城市以群众居多，京津冀城市的共青团员比中共党员多，而其他城市则相反。

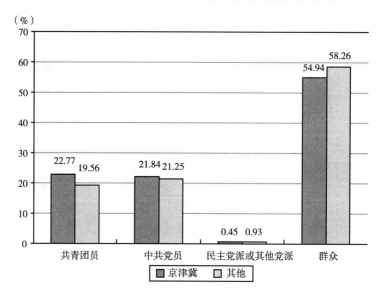

图 2 - 17　按城市群分被调查家庭成员政治面貌结构（赋权后）

2.6　婚姻状况

2015 年，中国城市家庭住房消费调查项目，如图 2 - 18 所示，赋权后未婚家庭成员占比为 26.44%，已婚家庭成员占比为 70.58%，同居家庭成员占比为 0.42%，分居家庭成员占比为 0.09%，离婚家庭成员占比为 1.46%，丧偶家庭成员占比为 1.01%。

若按地区分布划分，如图 2 - 19 所示，赋权后东部地区未婚占比为 27.93%，已婚占比为 69.65%；中部地区未婚占比为 27.58%，已婚占比为 69.48%；西部地区未婚占比为 22.02%，已婚占比为 73.76%。相对而言，西部地区已婚比例最高。

若按城市类型划分，如图 2 - 20 所示，赋权后一线城市未婚占比为 26.91%，已婚占比为 69.96%；准一线城市已婚占比为 27.61%，未婚占比为 70.18%；二线城市未婚占比为 22.86%，已婚占比为 75.17%；三线城市未婚占比为 27.70%，已婚占比为 67.35%；四线城市未婚占比为 27.52%，已婚占比为 69.31%；五线城市未婚占比为 36.31%，已婚占比为 61.56%。

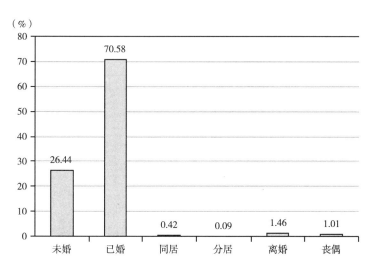

图 2-18 被调查家庭婚姻状况（赋权后）

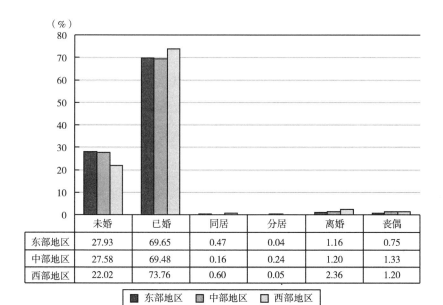

	未婚	已婚	同居	分居	离婚	丧偶
东部地区	27.93	69.65	0.47	0.04	1.16	0.75
中部地区	27.58	69.48	0.16	0.24	1.20	1.33
西部地区	22.02	73.76	0.60	0.05	2.36	1.20

图 2-19 按地区分被调查家庭婚姻状况（赋权后）

　　若按城市群划分，如图 2-21 所示，赋权后京津冀城市未婚占比为 27.02%，已婚占比为 69.95%；其他城市未婚占比为 26.16%，已婚占比为 70.88%。

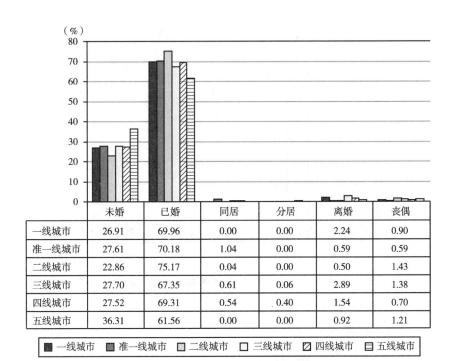

	未婚	已婚	同居	分居	离婚	丧偶
一线城市	26.91	69.96	0.00	0.00	2.24	0.90
准一线城市	27.61	70.18	1.04	0.00	0.59	0.59
二线城市	22.86	75.17	0.04	0.00	0.50	1.43
三线城市	27.70	67.35	0.61	0.06	2.89	1.38
四线城市	27.52	69.31	0.54	0.40	1.54	0.70
五线城市	36.31	61.56	0.00	0.00	0.92	1.21

■ 一线城市　■ 准一线城市　□ 二线城市　□ 三线城市　▨ 四线城市　▤ 五线城市

图 2 - 20　按城市类型分被调查家庭婚姻状况（赋权后）

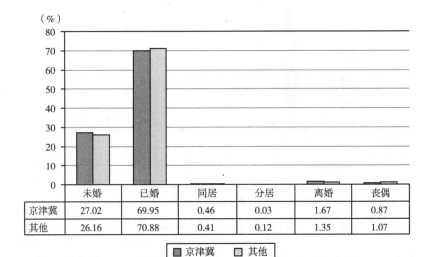

	未婚	已婚	同居	分居	离婚	丧偶
京津冀	27.02	69.95	0.46	0.03	1.67	0.87
其他	26.16	70.88	0.41	0.12	1.35	1.07

■ 京津冀　■ 其他

图 2 - 21　按城市群分被调查家庭婚姻状况（赋权后）

第 3 章

工作及收入特征

3.1 工作特征

2015 年中国城市家庭住房消费调查总样本家庭户 2506 个家庭中，家庭成员 5201 人。在家庭成员工作与否中，去除无效样本数 392 人，得到有效家庭成员样本数 4809 人，样本有效比例 92.46%。有工作的家庭成员 3099 人，占比 64.44%，没有工作的家庭成员 1710 人，占比 35.56%。

从城镇家庭成员没有工作的原因来看，从图 3-1 可知，没有工作的主要原因是学生这类群体，其比例高达 51.95%，其次为家庭主妇和离退休人员，比例分别为 16.22% 和 15.15%。失业、丧失劳动力、季节性工作、度假、生病、生育和不愿意工作合计占比 10.39%。我国城镇家庭居民工作参与率水平较高，而家庭主妇工作参与率相对较低，这是由于我国城镇家庭传统习惯所决定的。此外，随着我国进入老龄化时代，城镇家庭离退休人员将会急剧增加，其比例将会上升。

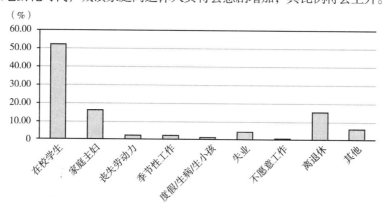

图 3-1 被调查家庭成员没有工作原因比例

从城镇家庭成员在当前居住地区工作年限来看，在有效的2793个样本中，在当前居住地区的平均工作年限达19.84年。其中，没有更换过工作的比例为60.27%，更换过工作的比例为39.73%，由于我们目前的调查范围主要在城市，说明我们调查的城镇家庭人员工作较为稳定，超过60%被调查家庭成员基本上都有稳定的工作，更换工作的积极性并不高。但是仍然有约40%的家庭更换过工作，当下我国正鼓励大众创业，未来也将有越来越多的人加入到创业大军中，这必将会迎来一波更换工作的热潮，特别是一些行政单位、事业单位等工作人员会通过更换工作以寻求新的发展。

从城镇家庭就业人员就业分布来看，如表3-1所示，全国层面上，超过六成的城镇家庭成员受雇于他人或单位，其次是经营个体或私营企业，合计占比达88%。自主创业者占0.3%，返聘和自由职业分别占1.2%和8%。这说明我国城镇家庭人员就业偏好比较单一，主要倾向于受雇他人或单位和经营个体或私营企业，城镇居民对创业的就业方式热情并不高。多元化就业结构是我国就业市场发展的主要方向，未来就业结构中，创业就业将会越来越多，所占比例也会相应地上升。区域层面上，东、西部地区受雇于他人或单位人数比例高于中部地区。在我们的调查样本城市中，东部地区、西部地区城镇家庭就业多元化程度低于中部地区。而中部地区经营个体或私营企业占比高于东、西部地区，分别高出5.45%和6.05%，这说明在我们的调查样本中，中部地区城市非公经济较东、西部地区要活跃，从而吸纳更多的城镇家庭人员进入非公经济中就业。自主创业东部地区就业占比高于中西部地区，东部地区市场经济比中、西部要活跃，创业环境、创业政策等各方面东部地区比中西部地区要健全。

表3-1　　　　　　　　　　被调查家庭成员就业分布情况　　　　　　　单位:%

就业结构情况	全国	东部	中部	西部
受雇于他人或单位	69.05	71.75	64.3	71.72
经营个体或私营企业	18.69	16.83	22.28	16.23
自主创业	0.3	0.4	0.25	0.15
返聘	1.24	1.25	1.43	0.89
自由职业	8	6.86	9.2	8.33
其他（志愿者）	2.72	2.91	2.54	2.68

注：东部地区：北京、天津、保定、秦皇岛、石家庄、深圳、海口、济南、威海、徐州；中部地区：大同、吕梁、太原、忻州、阜阳、宿州、南昌、湘潭、衡阳、郑州、洛阳、哈尔滨；西部地区：安顺、包头、成都、呼和浩特、兰州、庆阳、天水、乌鲁木齐、遵义、贵阳。

资料来源：南开大学2015中国城市家庭住房消费调查。

　　城镇家庭人员按就业职业性质分布如表 3 - 2 所示，分布占比位居首位的是商业、服务人员，其次是国家机关、党群组织和企事业单位负责人，占比分别为 23.25% 和 19.54%；专业技术人员的比例为 11.21%；然后是办事人员及有关人员和生产运输人员，占比分别为 8.82% 和 7.55%。从区域上来看，家庭城镇人员就业职业性质分布基本保持一致，前三位分别是商业服务人员、国家机关党群组织、企事业单位负责人员和专业技术人员。东部地区商业服务人员占比高于中、西部地区，这是由于东部地区拥有较中、西部发达的服务业，导致吸纳家庭就业人员相对较多。国家机关党群组织、企事业单位负责人员占比西部最高，这意味着，越是欠发达地区党群机关人员数量（中西部）相比发达地区（东部）要多。

表 3 - 2　　　　　　被调查家庭成员按就业职业性质分布情况　　　　　单位:%

名　　称	全国	东部	中部	西部
国家机关党群组织、企事业单位负责人员	19.54	16.79	20.84	23.10
专业技术人员	11.21	10.21	9.48	16.34
办事人员和有关人员	8.82	8.81	8.91	8.66
商业、服务人员	23.25	25.81	23.18	17.42
农、林、牧、渔水利生产人员	2.97	3.27	3.24	1.87
生产、运输设备人员	7.55	6.7	8.45	7.76
军人	0.59	0.43	0.52	1.03

资料来源：南开大学 2015 中国城市家庭住房消费调查。

　　从家庭就业人员就业单位类型分布来看，如表 3 - 3 所示，政府部门吸纳的城镇家庭人员占总就业的家庭人员的 8.69%，其中东部地区、中部地区和西部地区政府部门吸收的家庭就业人员分别为 6.71%、8.61% 和 12.9%。事业单位吸纳的家庭就业人员占城镇家庭总就业人员的 26.17%，其中东、中、西部地区在事业单位就业的城镇家庭人员占城镇家庭就业人员比例分别为 24.01%、27.04% 和 29.19%。企业容纳就业人员占城镇家庭就业人员的 47.67%，其中，东部地区企业雇佣的人员占就业人员的 53.24%，中、西部地区所占比例分别为 42.03% 和 45.62%。

　　从表 3 - 3 可知，不管是全国平均水平还是东、中、西部地区，企业仍然是吸纳就业人员的大户，东部地区企业吸纳就业人员的能力要高于中、西部地区。同时，事业单位就业人员占比仍然过高，在当下精简机构，如何降低事业单位就业人员比重，提高事业单位行政效率是值得思考的一个问题。

表3－3 　　　　　 按就业部门划分被调查家庭就业人员分布占比情况 　　　　　 单位:%

就业部门	全国	东部	中部	西部
政府部门	8.69	6.71	8.61	12.90
事业单位	26.17	24.01	27.04	29.19
企业	47.67	53.24	42.03	45.62
非盈利非政府组织	4.77	6.71	3.02	3.69
军队	0.62	0.45	0.73	0.77
其他	12.09	8.87	18.59	7.83

资料来源：南开大学2015中国城市家庭住房消费调查。

在企业中就业的城镇家庭人员分布如表3－4所示，国有/国有控股企业吸纳的城镇家庭就业人员占到企业就业人员的31.4%，西部地区国有/国有控股企业吸收城镇家庭就业人员占企业就业人员的比例最高，达到45.57%，中、西部占比分别为32.76%和24.05%。私营/私人/个体（不含外资）企业雇佣城镇家庭就业人员占企业就业人员的46.39%，其中东部地区占比最高为50.8%，中、西部地区次之，分别为45.82%和37.48%。不难看出，私营/私人/个体（不含外资）企业仍然是吸纳城镇家庭就业人员的主力军；与此同时，市场经济较为活跃的东部地区，企业数量也较中、西部多，从而雇佣就业人员占企业就业人员比例较高。这意味着，在当前国企改革的关键时期，国企改革吸纳就业人员将进一步下降，由于外商独资、港澳台独资、中外合资企业吸纳就业人员能力有限，那么这些城镇家庭就业人员只有流向非公企业，加强市场经济建设，强化非公企业生存环境建设，为非公企业提供一个良好的生存环境，是增强吸纳新增就业人员的关键。

表 3 - 4   按企业性质划分被调查家庭成员就业占比分布   单位:%

企业性质	全国	东部	中部	西部
国有/国有控股	31.4	24.05	32.76	45.57
集体/集体控股	9.15	8.52	9.16	10.55
私营/私人/个体(不含外资)	46.39	50.8	45.82	37.48
外商独资	1.7	2.62	0.69	1.32
港澳台独资	0.31	0.42	0.23	0.19
中外合资	2.82	5.4	0.8	0.38
其他联营企业	3.48	4.98	2.29	2.07
其他	4.76	3.21	8.25	2.45

资料来源:南开大学 2015 中国城市家庭住房消费调查。

从城镇家庭就业人员就业行业属性划分来看,如表 3 - 5 所示,就业前十位分别是批发和零售业、住宿餐饮业、制造业、金融业、教育、建筑业,交通运输、仓储及邮政业,卫生、社会保障和福利业,居民服务和其他服务业,电力、煤气及水的生产和供应业。其中东部地区就业吸收能力前十位分别为批发和零售业、住宿餐饮业、金融业、制造业、建筑业,交通运输、仓储及邮政业,教育,卫生、社会保障和福利业,电力、煤气及水的生产和供应业、居民服务和其他服务业;中部地区前十位为批发和零售业、制造业、教育、住宿餐饮业,交通运输、仓储及邮政业,金融业、居民服务和其他服务业、建筑业,电力、煤气及水的生产和供应业,卫生、社会保障和福利业;西部地区前十位为制造业、建筑业,卫生、社会保障和福利业、教育,交通运输、仓储及邮政业、住宿餐饮业、批发和零售业、农林渔牧业、科学技术服务和地质勘查业、居民服务和其他服务业。劳动密集型服务行业依然是吸纳城镇家庭就业人员的主要行业,西部地区处于承接东部产业转移的重要地区,导致西部地区行业就业结构与东中部地区有所不同。

京津冀地区作为我国经济较为发达的地区之一,吸纳就业前十名的行业分别是批发和零售业、住宿餐饮业、金融业、教育、建筑业、交通运输、仓储及邮政业,制造业,电力、煤气及水的生产和供应业,卫生、社会保障和福利业、居民服务和其他服务业。可以看出,京津冀地区城镇家庭人员就业主要集中在批发和零售业、住宿餐饮业,合计占比为 31%。

表 3-5　　　　　　　　按照行业划分城镇家庭就业人员分布情况　　　　　单位:%

行业分类	全国	东部	中部	西部	京津冀
农林渔牧业	3.71	2.84	3.94	5.09	2.4
采矿业	1.95	0.78	3.78	1.16	0.67
制造业	8.25	7.89	8.89	7.86	5.6
电力、煤气及水的生产和供应业	4.32	4.05	4.95	3.78	5.47
建筑业	6.88	7.04	6.12	7.86	5.87
交通运输、仓储及邮政业	6.58	6.83	6.21	6.69	5.87
信息传输、计算机服务和软件业	2.86	3.13	2.18	3.49	2.8
批发和零售业	10.93	13.87	10.57	5.53	16.4
住宿餐饮业	8.37	10.74	6.96	5.97	14.14
金融业	7.00	9.17	6.21	3.94	7.47
房地产业	1.80	1.92	1.85	1.46	1.87
租赁和商务服务业	2.44	2.42	2.52	2.33	2.93
科学技术服务和地质勘查业	1.89	0.92	1.26	4.95	0.8
水利环境和公共设施管理业	1.16	0.71	1.51	1.46	0.53
居民服务和其他服务业	4.57	3.20	6.21	4.51	3.07
教育	6.97	6.61	7.21	7.28	7.33
卫生、社会保障和福利业	4.96	4.13	4.46	7.57	4.4
文化、体育和娱乐业	1.67	1.85	1.51	1.60	1.47
公共管理和社会组织	2.80	2.63	3.27	2.32	0.67
国际组织	0.18	0.14	0.34	0	0.13
其他	10.71	9.10	10.07	15.13	10.13

资料来源：南开大学2015中国城市家庭住房消费调查。

从城镇家庭就业人员的职称分布来看，城镇家庭就业人员无职称人数占总就业人数的55.47%，技术员占12.23%，初级职称占8.01%，拥有中级职称的占14.21%，有高级职称的占9.11%（见图3-2）。在我们所调查的样本中，大多数城镇家庭就业人员无职称，这源于绝大多数城镇家庭就业人员分布在批发和零售业、住宿餐饮业两个行业。

表3-6展示了城镇家庭就业人员职务分布情况，城镇家庭就业人员中普通职工占58.27%，单位部门负责人占10.25%，单位负责人占6.73%。区域层面上，中、西部就业人员中普通职工比例高于东部地区，分别高于东部地区5.79个百分点和6.37个百分点。而东部地区单位部门负责人比例高于中、

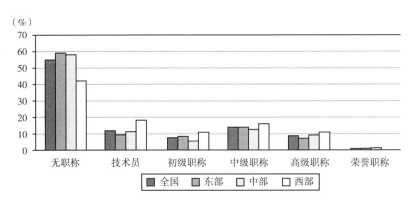

图3-2 按地区分被调查家庭就业人员职称分布

西部地区，分别高出8.6个百分点和6.1个百分点。此外，京津冀地区职称在普通职工、（副）组/股长、单位部门负责人所占比例方面高于东部地区平均水平，其他职称占比与东部地区基本一致。

表3-6　　　　　按职务类别划分城镇家庭就业人员分布情况　　　　单位:%

职务类别	全国	东部	中部	西部	京津冀
普通职工	58.27	54.86	60.65	61.23	55.76
（副）组/股长	7.2	8.64	5.99	6.29	9.38
（副）科长	5.94	4.35	6.95	7.49	3.22
（副）处长	2.67	2.39	2.99	2.69	2.14
（副）局长以上	0.57	0.58	0.53	0.6	0.54
单位部门负责人	10.25	14.59	5.99	8.53	17.02
单位负责人	6.73	8.06	5.11	6.74	7.37
其他	8.39	6.53	11.8	6.44	4.56

资料来源：南开大学2015中国城市家庭住房消费调查。

如表3-7所示，选择受雇于他人或单位就业方式的主要来自于大专高职、本科，这类就业人员毕业后进入就业市场，创业基础较为薄弱，一般都会在就业市场上选择受雇。经营个体或私营企业就业群体主要为初高中学历就业人员，初、高中学历就业人员进入就业市场较早，加上在就业市场竞争能力有限，因此经营个体或私营企业成为其主要的就业方式。对于自主创业而言，其教育水平主要为高中以上，创业需要一定的社会认识和知识作为基础，高中以上学历水平的就业者无论从创业动机还是职业选择方面都是较为活跃的群体。

表 3-7　　　　　　　　教育水平与就业方式　　　　　　　单位:%

教育水平	受雇于他人或单位	经营个体或私营企业	自主创业	返聘	自由职业	其他（志愿者）
没上过学	0.97	1.3	0	0	1.91	1.15
小学	3.66	8.29	0	2.38	9.54	6.9
初中	15.06	26.18	10	19.05	29.39	6.9
高中	17.62	27.48	30	40.48	23.28	17.24
中专职高	9.4	6.99	30	2.38	4.96	8.05
大专高职	19.51	12.03	20	14.29	16.03	28.74
本科	28.43	16.1	10	11.9	14.12	24.14
硕士	4.59	0.81	0	9.52	0.76	4.6
博士	0.75	0.81	0	0	0	2.3

资料来源：南开大学 2015 中国城市家庭住房消费调查。

3.2　工作收入特征

3.2.1　住房公积金特征

根据中国住房消费调查数据，京津冀地区人均缴纳公积金 1207 元，非京津冀地区人均缴纳 978 元[①]。

表 3-8 展示了就业职业方式与公积金覆盖情况，京津冀地区覆盖率最高的是受雇于他人或单位，受雇于他人或单位的就业人员有公积金的占比为 63.81%，私人企业或者个体户、自主创业等公积金覆盖率均低于 10%，非京津冀地区公积金覆盖面要比京津冀地区广，但私营企业和经营个体覆盖率仍然较低，不足 20%。虽然我国建立了较为完善的住房公积金制度，但从表 3-8 可知，不管是京津冀地区还是非京津冀地区仍然有约 40% 受雇于他人或单位的城镇家庭就业人员没有住房公积金，我国公积金制度改革还任重道远。

---

① 京津冀地区：北京、天津、保定、秦皇岛、石家庄、深圳。非京津冀地区：海口、济南、威海、徐州、大同、吕梁、太原、忻州、阜阳、宿州、南昌、湘潭、衡阳、郑州、洛阳、哈尔滨、安顺、包头、成都、呼和浩特、兰州、庆阳、天水、乌鲁木齐、遵义、贵阳。

表3-8 职业与公积金覆盖情况 单位:%

就业方式	京津冀地区		非京津冀地区	
	有	没有	有	没有
受雇于他人或单位	63.81	36.19	61.36	38.64
经营个体或私营企业	7.62	92.38	19.87	80.13
自主创业	7.62	92.38	60	40
返聘	2.86	97.14	42.11	57.89
自由职业	10	90	87.83	12.17
其他（志愿者）	8.1	91.9	57.89	42.11

资料来源：南开大学2015中国城市家庭住房消费调查。

　　从企业住房公积金覆盖率来看，如表3-9所示，京津冀地区住房公积金覆盖最高的是国有/国有控股企业，覆盖率为77.32%，覆盖率最低的是集体/集体控股企业，为52.38%。非京津冀地区覆盖率最高的是外商独资企业，覆盖率为86.36%，最低的为私营/个人/个体企业（不含外资），住房公积金覆盖率仅为21.15%。总体上来说，从我们调查的样本地区来看，京津冀地区住房公积金制度执行力度要高于非京津冀地区。与此同时，不同企业对住房公积金的态度表现出不同的差异，国有/国有企业覆盖率高于其他企业，这是由于我国有相关政策规定，对国有企业就业人员必须缴纳住房公积金。近年来，随着住房公积金政策不断完善，一些外资企业、港澳台企业为了加强其自身的竞争力，也加强了员工住房公积金的缴纳，促使住房公积金覆盖率增加。

表3-9 企业类型与住房公积金覆盖情况 单位:%

企业类型	京津冀地区		非京津冀地区	
	有	没有	有	没有
国有/国有控股	77.32	22.68	77.24	22.76
集体/集体控股	52.38	47.62	51.72	48.28
私营/私人/个体（不含外资）	61.31	38.69	21.15	78.85
外商独资	66.67	33.33	86.36	13.64
港澳台独资	—	—	66.67	33.33
中外合资	75	25	72.73	27.27
其他联营企业	—	—	29.17	70.83

注：港澳台独资调查样本缺乏有效数据。

资料来源：南开大学2015中国城市家庭住房消费调查。

3.2.2　工作收入特征

如表 3 – 10 所示，我国城镇家庭就业人员人均收入为 85425 元，个人所得税支出 6500 元。其中税后货币工资收入 59908 元，税后平均奖金收入为 25517 元。从区域上来看，东部地区城镇家庭就业人员总收入水平高于中、西部地区，分别高出 15243 元和 10146 元。其中税后货币收入水平东部最高，西、中部次之。京津冀地区作为东部地区较为发达的地区之一，总收入高于东部地区平均水平，税后货币收入低于东部地区平均水平，而税后奖金收入则高于东部地区平均水平。从某种程度上来说，京津冀地区作为我国市场经济较为发达的地区，就业市场工资激励方式多样，有效促进了就业人员的积极性，从而提高了就业人员的激励收入。

表 3 – 10　　　　　城镇家庭就业人员按区域划分收入情况一览表　　　　单位：元

收入来源	全国	东部	中部	西部	京津冀
货币收入（税后）	59908	60485	48469	52131	58025
奖金收入（税后）	25517	25051	21824	23259	35658
个人所得税支出	6500	8666	6466	5805	10640
总收入	85425	85536	70293	75390	93683

资料来源：南开大学 2015 中国城市家庭住房消费调查。

从城镇家庭就业人员人均年收入分布来看，如图 3 – 3 所示，有 37.15% 的城镇家庭就业人员人均年总收入在 2 万 ~ 5 万元，其次有 30.11% 的就业人员总收入在 5 万 ~ 10 万元，12.93% 的城镇家庭就业人员年均总收入在 1 万 ~ 2 万元。低收入就业人员占比 9.9%，中高收入城镇家庭就业人员仅占 7.54%。收入在 20 万元以上的高收入就业人员累计占比 2.36%。总体上来看，我国城镇家庭就业人员收入结构不够合理，一方面是奖金等激励工资收入力度较小，特别是在中西部地区奖金收入尚未完成制度化；另一方面是尚未形成合理的收入格局，城镇家庭就业人员收入明显偏低，中产阶级收入家庭数量较少，高收入家庭增长缓慢，导致收入结构失衡。

如图 3 – 4 所示，不同户籍的城镇家庭就业人员收入存在一定的差异，总体上表现为非农业户口收入高于农业户口收入，本地户口高于外地户口收入。其中本市（县）非农业户口收入最高为 56138 元，其次是外地非农业户口收入金额为 54300 元，收入最低为外地农业户口，仅有 37121 元，与外地非农

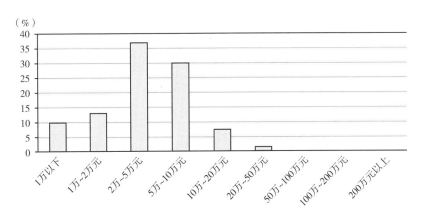

图 3-3　被调查家庭就业人员收入区间分布

业户口就业人员差额达 17179 元，与本地农业户口相差 9468 元。

从区域层面上来看，京津冀地区就业人员收入要高于非京津冀地区收入，京津冀地区本市（县）非农业户口就业人员收入达 65534 元，高出非京津冀地区非农业户口就业人员 1838 元，本市（县）农业户口就业人员收入为 47433 元，超出外地农业户口就业人员收入 8884 元。

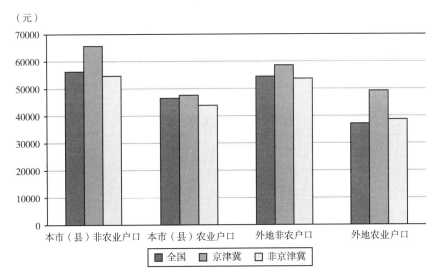

图 3-4　被调查家庭成员户籍类型与收入

如图 3-5 所示，政治面貌不同的城镇家庭就业人员年均总收入会有明显的差异，具体表现为民主党派或其他党派就业人员薪水最高，这是由于民主党派或其他党派自身吸纳的就业人员素质较高，往往在部门担任要职或社会地位较高。其次是就业人员为中共党员，通常来说，中共党员能够获得相较其他人更优越的工作，收入水平也比其他人要高。

此外，同类别的政治面貌京津冀地区就业人员收入要高于非京津冀地区就业人员，这是由于京津冀地区收入水平较高。

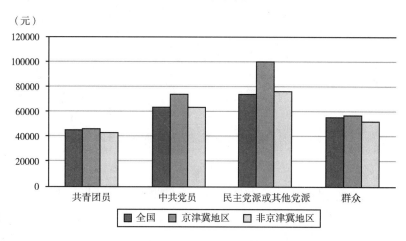

图3-5　被调查家庭成员政治面貌与收入水平

表3-11展示了学历水平不同就业人员的收入水平，学历水平不同也会带来收入水平的分化。一是从高学历纵向来看，高学历人员收入水平要高于低学历人员。二是从区域横向比较来看，京津冀地区高学历人员收入比非京津冀地区高学历人员收入要高。

表3-11　　　　　　　　　　**被调查家庭成员学历与收入**　　　　　　单位：元

教育水平	全国	京津冀	非京津冀
没上过学	39392	37500	39736
小学	38690	28285	41751
初中	48065	50818	44394
高中	47696	44529	53397
中专职高	48410	52909	45296
大专高职	43335	52951	46029
本科	52651	73225	56447
硕士	59630	83876	62000
博士	43637	84941	66321

资料来源：南开大学2015中国城市家庭住房消费调查。

　　图3-6显示了学历水平与总收入关系，随着就业人员学历上升，其收入水平也获得相应提高，总体上来看，学历越高带来的收益就越高，知识溢出效应在京津冀这样较为发达的地区较为明显，高学历人才作为重要人力资本资源，京津冀地区有较为完备的要素市场，从而使得高学历人才得到充分认可。如果要素市场不健全，影响人力资本要素流动，就会出现边际收益递减。从而导致非京津冀地区高学历人才收入低于低学历人才收入，即"劣币驱逐良币"现象。

　　此外，并不是学历越高收入就一定越高，"唯学历论"、"唯实用论"都不利于要素流动和人才的发展。只有把人放在合适的岗位，才能发挥出最大的效益。

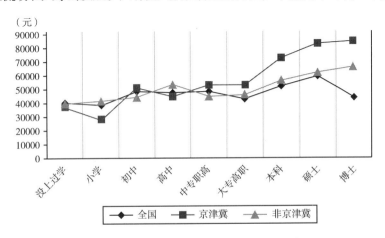

图3-6　被调查家庭成员学历水平与年总收入

　　表3-12报告了不同职称收入情况，总体上来看，随着职称层级越高，收入水平就越高。收入水平最高的荣誉职称，高达10万元左右，初级职称收入最低，与收入最高的荣誉职称相差近一倍。技术员作为专业性技术人才，其收入水平高于中级职称水平。

表3-12　　　　　　　　　　被调查家庭成员不同职称与收入　　　　　　　　　单位：元

职称	全国	京津冀	非京津冀
无职称	57617	63049	56941
技术员	60388	77500	59620
初级职称	56548	53200	56833
中级职称	57234	71882	55537
高级职称	70700	74285	70518
荣誉职称	107000	98333	93333

　　资料来源：南开大学2015中国城市家庭住房消费调查。

表 3 - 13 统计了政府部门和企业部门的收入情况。政府部门就业人员年均总收入 70264 元。其中税后货币收入 47772 元，税后奖金收入 22492 元；企业部门城镇家庭就业人员总收入 84657 元，其中税后货币收入 58573 元，税后奖金收入 25904 元。企业部门就业人员总收入比政府部门高出 14393 元，高出 20 个百分点。其中货币工资收入，企业部门比政府部门高出 10981 元，高出 23 个百分点。政府部门税后奖金收入比企业部门低 3412 元，低约 15 个百分点。从贡献比例来看，货币收入贡献比例大于奖金收入贡献比例。本次调查报告仅统计了税后货币收入和税后奖金收入，基本上反映了通过合法手段取得的合法收入的企业部门和政府部门的收入差距，但事实上政府部门的"灰色"收入要远远高于企业部门，这些"灰色"收入远远高出基本的货币工资收入和奖金收入。也就是说，政府部门"隐形"福利收入远高于企业部门。

表 3 - 13　　被调查家庭成员就业类型中企业部门与政府部门收入比较　　单位：元

收入情况	政府	企业	企业政府差	差值比例
货币收入（税后）	47772	58753	10981	0.229863
奖金收入（税后）	22492	25904	3412	0.151698
总收入	70264	84657	14393	0.204842

资料来源：南开大学 2015 中国城市家庭住房消费调查。

表 3 - 14 统计报告了事业单位和企业部门收入比较情况。事业单位平均收入 74506 元，其中货币工资收入 51056 元，奖金收入 23450 元。事业单位总收入比企业部门低 10151 元，低 14 个百分点。其中货币工资收入比企业部门低 7697 元，奖金收入比企业部门低 2454 元，事业单位货币工资收入和奖金收入分别比企业单位低 15 个百分点和 10 个百分点。

表 3 - 14　　被调查家庭成员就业类型中事业单位与企业部门收入比较　　单位：元

收入情况	事业单位	企业	企业与事业单位差	差值比例
货币收入（税后）	51056	58753	7697	0.150756
奖金收入（税后）	23450	25904	2454	0.104648
住房公积金	2251	1052	-1199	-0.53265
总收入	74506	84657	10151	0.136244

资料来源：南开大学 2015 中国城市家庭住房消费调查。

表 3－15 统计了政府部门和事业单位收入比较结果。政府部门就业的城镇家庭职工总收入比事业单位高出 402 元，高出近 0.5 个百分点。其中税后货币工资收入高出 1360 元，高出 2.7 个百分点，税后奖金收入低 958 元，低 4 个百分点。总体来说，事业单位和政府部门收入基本一致。但从住房公积金缴存来看，事业单位要高于政府部门，这说明事业单位在公积金福利补贴方面高于政府部门。

表 3－15　　　　被调查家庭成员就业类型中政府与事业单位收入比较　　　　单位：元

收入情况	事业单位	政府	政府与事业单位差	差值比例
货币收入（税后）	51056	52416	1360	0.026637
奖金收入（税后）	23450	22492	－ 958	－ 0.04085
住房公积金	2551	1055	－ 1496	－ 0.58644
总收入	74506	74908	402	0.005396

资料来源：南开大学 2015 中国城市家庭住房消费调查。

表 3－16 是不同区域间城镇家庭就业人员比较的统计结果。2014 年东部地区收入高于西部地区和中部地区，东、中、西部地区人均年总收入分别为 70219 元、54204 元和 60800 元，东部分别比中、西部高出 13890 元和 11861 元，西部地区比中部地区高 2209 元。京津冀地区总收入高于全国和东部地区平均水平。总体上来看，2010～2014 年间，城镇家庭总收入基本保持缓慢上升的趋势。其中，东部地区增幅高于中、西部地区。

表 3－16　　　　　　按地区分被调查家庭就业人员收入差异　　　　　　单位：元

年份	全国	东部	中部	西部	京津冀
2010	51836	57216	43326	45355	58649
2011	55554	60197	45372	48736	60573
2012	61676	64769	49549	51786	65646
2013	62480	68370	50951	56595	70980
2014	63804	70219	54204	60800	71571

资料来源：南开大学 2015 中国城市家庭住房消费调查。

表 3－17 统计了按照行业收入属性划分的城镇家庭住户近年年均收入情况，我们把行业收入层次归为三个类别，分别是高收入行业、中等收入行业

和低收入行业①。总体上来看，城镇家庭年均收入呈逐年增长趋势。但高收入行业增长速度明显快于中等收入行业和低收入行业，高收入水平与中低收入水平差距逐渐拉大，2010年，高收入行业城镇家庭年均收入分别比中等收入行业家庭和低收入行业家庭高出8997元和10592元，而到2014年，分别高出17898元和20033元。由此可见，行业层次中低收入家庭收入与高收入家庭收入差距明显拉大。中等收入行业家庭与低收入行业家庭收入差距不是特别明显。

表3-17　　　　　　　　按照行业收入划分被调查家庭收入差距　　　　单位：元

行业 ＼ 年份	2010	2011	2012	2013	2014
高收入行业	52552	58047	64357	67126	72407
中等收入行业	43555	43627	47600	51468	54509
低收入行业	41960	42450	46005	49195	52374

资料来源：南开大学2015中国城市家庭住房消费调查。

---

① 低收入行业：农林渔牧业，住宿餐饮业，水利环境和公共设施管理业，居民服务和其他服务业。中等收入行业：采矿业，制造业，科学技术服务和地质勘查业，教育，卫生、社会保障和福利业，公共管理和社会组织，国际组织，其他。高收入行业：电力、煤气及水的生产和供应业，建筑业，交通运输、仓储及邮政业，信息传输、计算机服务和软件业，批发和零售业，金融业，房地产业，租赁和商务服务业，文化、体育和娱乐业。

第 4 章

住房及基本消费支出

4.1 家庭基本消费情况

4.1.1 家庭金融投资的情况

(1) 全国及京津冀地区家庭金融投资情况

根据 2015 年中国城市家庭住房消费调查的数据，我国家庭的储蓄拥有比例较高。全国有 76.7% 的家庭拥有储蓄，而同期股票、债券、基金及银行理财产品的拥有比例分别为 25.9%、8.2%、18.1% 和 22.5%，如图 4 - 1 所示，这说明我国居民家庭金融投资主要是以储蓄的形式持有。

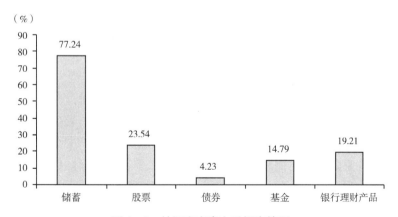

图 4 - 1　被调查家庭金融投资情况

① 户主年龄与金融投资。

将家庭按户主的年龄分为六个组别，可以看出各年龄段户主的家庭金融投资比例具有一致性。各年龄段户主的家庭金融投资比例中，储蓄均超过家庭资产的50%，户主年龄大的家庭储蓄比例更高，60～69周岁、70周岁以上的户主家庭储蓄比例分别达到58.62%和55.27%。各年龄段家庭的银行理财产品比例大约为20%，股票和基金的投资比例略低，投资债券的比例最低。这说明储蓄仍是各年龄段户主家庭的主要投资，随着股市、基金及银行理财产品市场的逐渐发展，也成为家庭金融投资的主要产品。（如图4－2所示）。

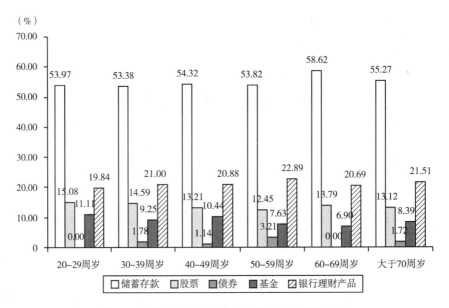

图4－2　被调查家庭户主年龄段与金融投资比例

② 户主受教育水平与金融投资。

结合户主的受教育水平，对家庭金融投资的情况作进一步分析，如表4－1所示。根据2015年中国城市家庭住房消费调查数据，户主不同的教育水平，其家庭金融投资组合呈现较大差异。除受教育水平最高的博士研究生家庭外，受教育水平越低的家庭其储蓄存款比例越高，户主受教育水平为小学和初中的家庭储蓄比例超过70%，受教育水平越高的家庭储蓄存款比例越低，户主为硕士研究生的家庭其储蓄比例低至21.74%。而股票和债券的投资比例与户主的受教育水平不存在显著相关性。没上过学的户主家庭其基金持有比例最高，上过学的户主家庭，其受教育水平越高，基金的持有比例也相对越高。银行理财产品的投资比例与受教育水平呈显著的相关关系，受教育水平越高，银行理财产品的投资比例越高，户主为硕士研究生的家庭银行理财产品甚至超过储蓄存款比例，高达45.65%。户主的受教育水平越高，对金融市场越有更深入的了解，也具有抵御金融市场风险的能力，因此储蓄存款占比较低，而银行理财产品、股票和基金的持有比例较高。

表4-1　　　　　　受教育水平与家庭金融投资　　　　　　单位:%

受教育水平	储蓄存款	股票	债券	基金	银行理财产品
没上过学	60.00	20.00	0.00	13.33	6.67
小学	72.34	9.57	1.06	8.51	8.51
初中	70.71	9.76	1.35	6.40	11.78
高中	54.10	16.72	2.62	7.54	19.02
中专/职高	57.48	7.87	0.79	12.60	21.26
大专/高职	49.53	16.36	0.47	11.21	22.43
大学本科	38.96	14.72	1.53	12.58	32.21
硕士研究生	21.74	19.57	0.00	13.04	45.65
博士研究生	66.67	0.00	0.00	0.00	33.33

③ 户主工作单位性质与家庭金融投资。

家庭金融投资因户主工作单位性质的不同而存在差异。户主在军队工作的家庭，其储蓄存款比例最低为11.11%，而股票和基金的持有比例最高，均为33.33%；户主在非盈利政府部门工作的家庭股票持有比例最高为30%，基金和银行理财产品的比例最低；户主在政府部门、事业单位及企业工作的家庭，债券、股票和基金的持有比例较低，而银行理财产品和储蓄存款比例较高（如表4-2所示）。

表4-2　　　　　户主工作单位性质与家庭金融投资　　　　　单位:%

工作单位	储蓄存款	股票	债券	基金	银行理财产品
政府部门	42.34	13.51	1.80	10.81	31.53
事业单位	51.41	13.48	0.94	11.91	22.26
企业	51.71	15.26	1.97	8.62	22.44
非盈利政府组织	54.29	30.00	1.43	7.14	7.14
军队	11.11	22.22	0.00	33.33	33.33
个体	60.00	5.00	0.00	15.00	20.00
其他	64.14	4.83	1.38	8.28	21.38

④ 户主收入水平与家庭金融投资。

户主的收入水平高低，决定了家庭金融投资组合的总量和结构。如表4-3所示，我们将户主收入从低到高分为八个组别，户主收入越低的家庭越偏好于储蓄存款，户主收入越高的家庭越偏好于股票、基金及银行理财产品等投资产品。收入越高的家庭，拥有较强的投资实力，且有较强的抵御风险能力，进而选择投资风险大于储蓄存款而收益高于储蓄存款的银行理财产品等投资方式。

表4-3　　　　　　　　户主收入水平与家庭金融投资　　　　　　　　单位:%

收入水平	储蓄存款	股票	债券	基金	银行理财产品
1 万元以下	53.27	18.69	0.93	13.08	14.02
1 万~2 万元	69.23	10.00	0.77	7.69	12.31
2 万~5 万元	62.34	12.22	1.75	5.24	18.45
5 万~10 万元	47.09	14.81	1.46	10.92	25.73
10 万~20 万元	34.65	22.83	2.36	12.60	27.56
20 万~50 万元	25.00	14.29	3.57	21.43	35.71
50 万~100 万元	0.00	25.00	0.00	50.00	25.00
100 万~200 万元	0.00	0.00	0.00	50.00	50.00

如表4-4所示，京津冀地区的家庭投资结构显示，京津冀地区家庭持有股票和债券的比例高于全国平均水平，分别为25.05%和4.75%，而对基金和银行理财产品的投资则明显低于全国平均水平。其中，基金持有比例为9.50%，比全国平均水平低5.29%，银行理财产品投资比例为13.39%，比全国水平低5.82%。非京津冀地区的家庭金融投资结构中，基金和银行理财产品持有比例均高于全国平均水平，分别为16.32%和20.90%，储蓄、股票和债券的投资比例与全国同期水平一致。

表4-4　　　　　　　　京津冀地区与全国家庭金融投资情况　　　　　　　　单位:%

金融投资	储蓄	股票	债券	基金	银行理财产品
全国	77.24	23.54	4.23	14.79	19.21
京津冀	76.46	25.05	4.75	9.50	13.39
非京津冀	77.46	23.10	4.08	16.32	20.90

（2）不同规模城市家庭金融投资情况

再从不同城市规模来看，如图4-3所示，二三线城市更偏好于储蓄，其家庭持有比例高达83.03%，这说明广大二三线城市拥有较强的经济实力，并且对风险厌恶程度大于发达的一线城市和相对落后的四五线城市。一线城市、二三城市、四五线城市家庭持有股票的比例依次降低，分别为34.04%、26.38%、18.53%，债券的持有比例也呈现相同的特点，城市规模越大、经济越发达，家庭持有的债券比例越高。各城市家庭的基金持有比例较为接近，一线城市略高于其他城市，为16.17%，二三线城市的家庭和四五线城市的家庭对基金的持有比例分别为15.14%和15.34%，这说明各规模城市的家庭对基金的投资具有相同的偏好，这是因为基金的投资风险低于股票而收益却高于银行储蓄，是在投资组合中不可或缺的组成部分。

银行理财产品在不同城市的持有比例与股票和基金的情况十分类似，发达城市具备更多的投资备选，了解更多的金融理财知识，拥有强大的投资实力，更有能力抵御投资风险，因而对银行理财产品投资比例较高。

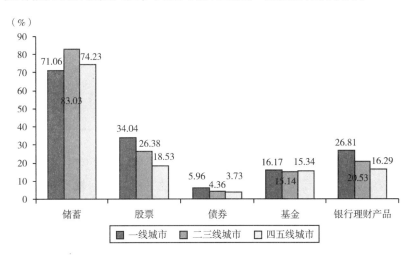

图4-3 不同规模城市被调查家庭金融投资情况

4.1.2 家庭基本消费情况

（1）全国及京津冀地区家庭基本消费情况

家庭基本消费主要包括教育支出、医疗支出、保健支出以及耐用品消费支出等几部分，如表4-5所示。从全国总体消费情况来看，家庭平均教育支出为 17056 元，整体教育支出水平较高，说明我国家庭重视教育。耐用品的消费支出低于教育支出，达到 10309 元，是家庭基本消费的主要组成部分，意味着我国家庭的耐用品需求较旺盛，一方面是由于家庭收入增加，生活水平提高，对耐用品刚性需求增加，另一方面在于部分中高收入家庭对耐用品的改善型需求增加，从而对耐用品的整体消费增加。家庭平均医疗支出和保健支出分别为 7520 元和 4771 元，随着我国城镇和农村医疗保障的全面覆盖，家庭负担的医疗费用减少，与此同时，更多的是对医疗保健方面的消费支出。

从京津冀地区来看，教育支出与耐用品消费占家庭基本消费支出的主要部分，分别达到 14313 元和 13132 元，医疗支出和保健支出相对较少，分别为 5938 元和 4071 元。而非京津冀地区家庭的教育支出高于全国水平，并且远高于京津冀地区，但耐用品消费水平远低于京津冀，这说明非京津冀地区家庭将更多比例的收入用于教育，减少耐用品消费，一定程度上可能是由于京津冀地区政府对教育的投入更多，部分替代了家庭投资（见表 4 - 5）。

表 4 - 5　　　　　　　　全国及京津冀地区家庭基本消费情况　　　　　　单位：元

基本消费	教育	医疗	保健	耐用品
全国	17056	7520	4771	10309
京津冀	14313	5938	4071	13132
非京津冀	18390	8291	5111	8935

如图 4 - 4 所示，更清晰地反映了全国及京津冀地区家庭基本消费的情况。从图中可以看出，无论是全国还是京津冀地区，家庭教育支出均是基本消费中占比最多的，从全国平均水平来看，教育支出占家庭基本消费总支出的 43.01%，这一比例在非京津冀地区甚至达到 45.16%。由于我国实行九年义务教育制度，因此家庭教育支出主要是学前教育和高等教育，可见我国家庭对教育的重视，这也促进了我国整体受教育水平的提升。京津冀地区医疗支出和保健支出比重低于全国水平，可能是由于京津冀地区大部分家庭属于城镇职工基本医疗保险的覆盖范畴，因此国家和工作单位支付了较大的比例的医疗支出，减少了家庭负担的医疗支出。此外，我们还发现，京津冀地区耐用品消费支出占家庭基本消费支出的 35.06%，远高于全国家庭的平均水平，这可能是因为京津冀地区基本公共服务水平较高，居民的家庭收入更大部分可以用来改善家庭生活质量，增加对耐用品的消费支出。

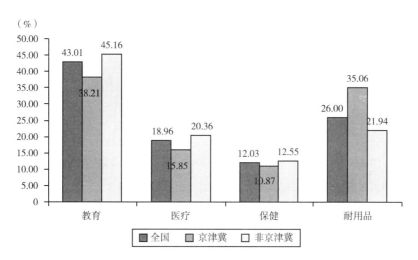

图4-4　全国及京津冀地区被调查家庭基本消费情况

（2）不同规模城市家庭基本消费情况

家庭基本消费会因城市规模而异，如表4-6所示，反映了一线、二三线、四五线城市的家庭基本消费情况。一线城市平均家庭教育和耐用品消费的支出分别为17513元、11241元，而医疗支出和保健支出分别为7606元和5499元。二三线城市平均家庭教育和耐用品消费的支出分别为10076元、7506元，均低于一线城市的水平，尤其是教育支出，比一线城市少7437元，耐用品消费支出比一线城市少3735元。医疗支出和保健支出分别仅为4100元和2250元，比一线城市分别少3506元和3249元。四五线城市的家庭基本消费支出更少，教育支出为5115元，仅为二三线城市的一半，不到一线城市的1/3，耐用品消费支出亦是如此，仅为3320元。而医疗支出和保健支出也较少，分别为2522元和1433元。

从表易知，一线城市与二三线城市、四五线城市的各项基本家庭消费支出存在较大差距，这与经济发展水平息息相关，城市规模越大、经济越发达，居民家庭收入越高，相应地会提高各项基本消费的支出额。

表4-6　　　　　　　　不同规模城市家庭基本消费情况　　　　　　单位：元

基本消费	教育	医疗	保健	耐用品
一线城市	17513	7606	5499	11241
二三线城市	10076	4100	2250	7506
四五线城市	5115	2522	1433	3320

从不同规模城市其家庭内部各基本消费的结构来看，也存在差异，但比不同规模城市消费规模的纵向差距小很多，如图4-5所示。不同规模城市家庭对教育支出的比例大体一致，二三线城市对耐用品消费支出比例明显高于一线城市和四五线城市，但其医疗支出和保健支出比例低于其他规模城市。总体而言，不同规模城市的家庭内部消费结构差异较小，这可能是因为中国人具有大体一致的消费文化和消费观念。

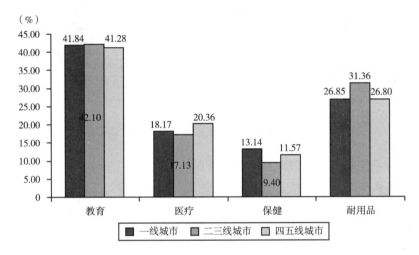

图4-5 不同规模城市被调查家庭基本消费情况

4.2 自有住房情况

4.2.1 家庭拥有住房基本情况

（1）全国及京津冀地区家庭拥有住房情况

根据2015年中国城市家庭住房消费调查的数据，我国居民家庭拥有住房比例较高，如表4-7所示。在全国参与这项调查的1934户家庭中，1753户家庭拥有住房，仅有181户没有自有住房。京津冀地区参与这项调查的433户家庭中，392户家庭拥有自有住房，41户家庭没有自有住房。

表 4 - 7　　　　　　　全国及京津冀地区家庭拥有住房情况　　　　　　单位：户

地区	有房的家庭	没房的家庭	总样本
全国	1753	181	1934
京津冀	392	41	433
非京津冀	1361	140	1501

　　如图 4 - 6 所示，我们可以发现，在全国及京津冀地区，自有住房拥有率约为 90.5%，说明我国各地区自有住房拥有率均较高，导致这一结果的可能原因在于中国人对于"家"的观念，有房才有家。城市 90% 以上的家庭拥有自住房，许多家庭甚至拥有多套房，除了用于居住，还可当作一项固定资产投资。

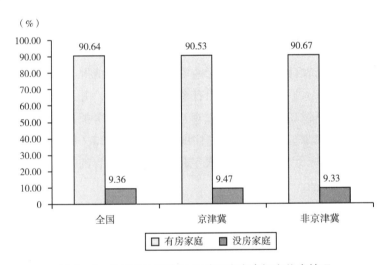

图 4 - 6　全国及京津冀地区被调查家庭拥有住房情况

　　① 户主年龄与家庭住房拥有情况。

　　中国城市家庭住房消费调查数据显示，各年龄段户主的家庭，其住房拥有率均超过 80%，除户主年龄在 20 ~ 29 周岁的家庭住房拥有率较低为 81.02% 外，户主年龄在 40 ~ 49 周岁的家庭拥有住房比例高达 93.6%。户主较为年轻的家庭，由于其工作时间尚短，收入水平较低，因此，其住房支付能力较低；户主为中年的家庭经济实力雄厚，住房支付能力较高，自然住房拥有率高。随着年龄的增长，对住房需求降低，住房拥有率随之降低（如图 4 - 7 所示）。

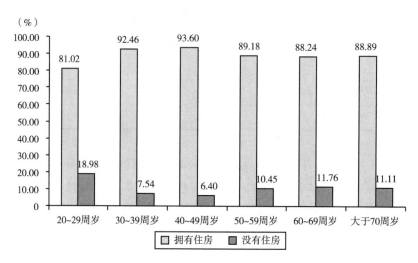

图4-7 被调查家庭户主年龄与家庭住房拥有情况

② 户主受教育水平与家庭住房拥有情况。

户主的不同受教育水平，也会影响家庭住房拥有情况，如图4-8所示。无论户主的受教育水平高低，住房拥有率均超过80%，并且户主的教育水平越低，住房拥有率越高，而户主的教育水平越高，住房拥有率反而越低，户主为硕士研究生和博士研究生的家庭住房拥有率仅为82.61%和83.33%。一个可能的原因在于，户主的受教育水平越高，住房拥有的观念越弱化，故而住房拥有率相对较低。

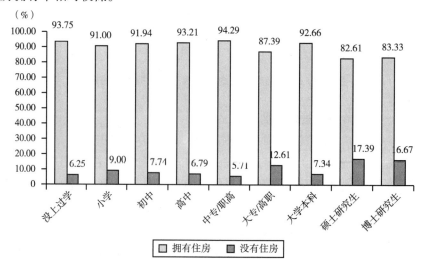

图4-8 被调查家庭户主受教育水平与家庭住房拥有情况

③ 户主工作单位性质与家庭住房拥有情况。

按户主的工作单位性质，将其分为政府部门、事业单位、企业、非盈利政府组织、军队、个体及其他七类，进一步讨论住房拥有情况，如图 4-9 所示。户主在军队工作的家庭较为特殊，住房拥有率为 100%。户主在政府部门、事业单位、企业、非盈利政府组织等工作的家庭住房拥有率较高，均超过 90%，但户主为个体户的家庭，其住房拥有率最低，仅为 76.19%。由于个体户经营需要资金运营周转，购房花费的资金可能会影响日常经营，所以部分个体户反而不会购房，因而个体户住房拥有率较低。

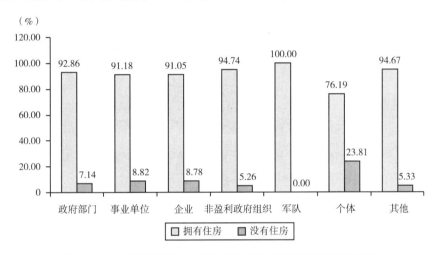

图 4-9　被调查家庭户主工作单位性质与家庭住房拥有情况

④ 户主收入水平与家庭住房拥有情况。

收入水平决定着家庭住房支付能力的高低，从图 4-10 可知，收入水平越高其住房拥有率越高，收入水平越低其住房拥有率越低。户主年收入水平在 1 万元以内和 1 万~2 万元的家庭住房拥有率分别为 82.91% 和 80.99%，户主年收入水平高于 50 万元的家庭，其住房拥有率为 100%。即使是最低收入家庭，其住房拥有率也超过 80%，体现了中国家庭传统的"居者有其屋"的观念。

（2）不同规模城市家庭拥有住房的情况

对于不同规模城市，其家庭住房拥有情况如表 4-8 所示。参与这项调查的家庭中，一线城市 204 户家庭，171 户家庭拥有住房，33 户没有自住房；二三线城市 814 户家庭，746 户家庭拥有住房，68 户没有自住房；四五线城市 916 户家庭，836 户家庭拥有住房 80 户没有自住房。从以上数据看出，无

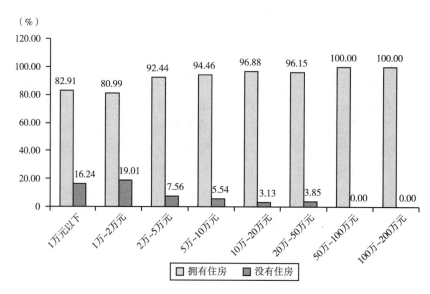

图 4 - 10　被调查家庭户主收入水平与家庭住房拥有情况

论是一线、二三线还是四五线城市，家庭拥有住房的比例是相当高的，这与全国调查样本拥有住房的情况具有一致性。

表 4 - 8　　　　　　　　不同规模城市家庭拥有住房情况　　　　　　　单位：户

城市	有房的家庭	没房的家庭	总样本
一线城市	171	33	204
二三线城市	746	68	814
四五线城市	836	80	916

　　一线城市、二三线城市、四五线城市家庭自有住房的拥有率分别为83.82%、91.65%、91.27%，如图 4 - 11 所示。一线城市家庭自有住房拥有率显著低于其他规模城市，这是因为：其一，一线城市人口规模巨大，随着经济的逐渐发展，特大城市的人口逐年增加，必然会产生庞大的住房需求，住房竞争压力较大，部分居民负担不起昂贵的房价；其二，一线城市的发展，土地资源有限，开发商的住房供给有限，相比于庞大的住房需求，其数量远远不够。显然，二三线城市或四五线城市的住房拥有率高，与一线城市相比，在于其需求较少而供给较多，故而大多数居民家庭拥有自有住房。

　　（3）拥有自住房的套数

　　由于我国房地产市场的特殊性，使得住房兼有消费属性和投资属性，因

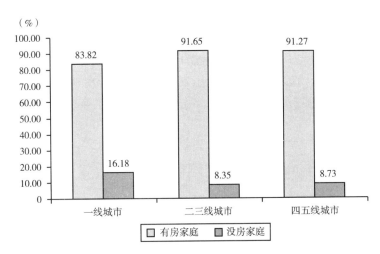

图4-11　不同规模城市被调查家庭拥有住房情况

而许多家庭在投资组合时，选择住房这一风险较小的固定资产。此外，为了留给子女结婚备用，一般家庭也会购买住房，故部分家庭拥有住房不止一套。如表4-9所示，参与调查的拥有自住房家庭中，73.14%的家庭拥有一套住房，22.18%的家庭拥有2套住房，拥有3套及以上的家庭比例为4.68%。这说明我国城市绝大多数家庭仅拥有一套自住房，约1/5的家庭拥有2套住房，可能是刚性需求或是用于投资，另外约5%的家庭拥有自住房多于两套，这从侧面反映了住房的投资需求。

表4-9　　　　　　　　　　　　　拥有住房数量和比例

拥有住房数（套）	1	2	3	4	5
户数	1266	384	70	9	2
比例（%）	73.14	22.18	4.04	0.52	0.12

4.2.2　自有住房信息

（1）获得住房的方式

通过家庭住房消费调查我们发现，第一套住房的获得方式主要是自己购买的商品房，比例为36.64%，如图4-12所示。其次是购买公产房，比例为13.73%，单位住房和从单位购买住房的比例分别为10.91%和10.32%，这说明1998年的房改，使得城市部分家庭享受到了单位的住房福利。购买经济适用房、二手房以及小产权房的比例分别为7.91%、6.78%、3.89%。作为国家住房政策的主要组成部分之一的经济适用住房政策，确实让城市部分低收入家庭有能力购买住房，并且随着1998年房改以来，住房的建设分配市场化，住房二级市场逐渐发展起来，二手房市场也为房地产市场带来活力，与此同时，小产权住房也一直存在，一定程度上弥补了住房市场的不完善。

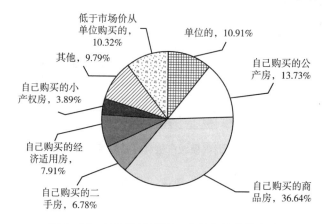

图4-12 被调查家庭第一套住房的获得方式

对于部分拥有两套及以上住房的家庭，其第二套住房的获得方式如图4-13所示。购买商品房比例为50%，购买公产房比例为13.04%，单位的和低于市场价从单位购买比例为6.52%和5.28%，购买经济适用房、二手房以及小产权房的比例分别为6.21%、5.9%、4.04%。从以上数据可知，第二套住房的主要获得方式是自己购买，这说明二套房购买的市场化水平较高。此外，从单位购买的住房及公产房的比例仍较高。

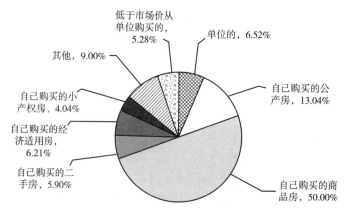

图4-13 被调查家庭第二套住房的获得方式

对于拥有多套住房的家庭，其第三套住房的获得方式如图4-14所示。购买商品房比例为46.55%，购买公产房比例为24.14%，低于市场价从单位购买的比例为8.62%，购买经济适用房、二手房以及小产权房的比例均为1.72%。从以上数据可知，第三套住房的主要获得方式是自己购买商品房，这与第二套房类似，说明多套房购买的市场化水平较高。

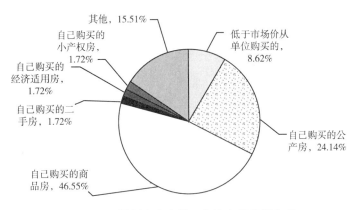

图4-14　被调查家庭第三套住房的获得方式

以上分析了家庭拥有住房的获得方式，可以发现家庭拥有一套房或多套房，其获得方式整体上相同，但各种方式的比例构成有所差异，如图4-15所示。第一套住房自己购买的比例最低，而二三套住房自己购买比例相对较高。第一套住房通过低于市场价从单位购买、单位的、购买经济适用房、购买二手房、购买小产权房的比例要高于二三套住房的比例，说明第一套住房主要是为了满足居民自住需求，其获得方式享有政府及单位的一定政策优惠和福利待遇。

① 第二套房的获得方式。

拥有第二套住房的家庭，其获得第二套住房的方式分为公产房（单位购买的、单位的、公产房）、商品房（购买的商品房、二手房）、经济适用房、小产权房等四类，如图4-16所示。第一套房为公产房的家庭中，第二套房为商品房、公产房和经济适用房的比例依次降低，分别为51.19%、42.86%、5.95%。第一套房为商品房的家庭中，第二套房为商品房的比例最高，达到71.95%，第二套房为公产房和经济适用房的比例分别为14.63%和1.22%。第一套房为经济适用房和小产权房的家庭中，第二套房为经济适用房和小产权房的比例最高，均达到50.00%，第二套房为公产房和商品房的比例分别为16.67%和33.33%。通过以上分析可知，住房

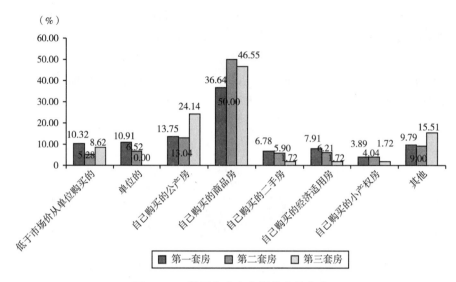

图4-15 被调查家庭获得住房的方式

的获得方式存在一定的"路径依赖"，即第二套住房获取方式约有50%的比例与第一套住房的获取方式是一致的。一个原因是，无论是买第几套住房，其获取方式主要还是受家庭收入的限制：低收入家庭只能负担相对便宜的公产房或经济适用房，高收入家庭倾向于购买商品房。观察图4-16还可知，无论第一套房的获得方式是什么，第二套购买商品房的比例均较高，这是由于中国城市住房市场的市场化程度非常高，新建的可供出售的住房大多属于商品房。

②户主年龄与住房获得方式。

如表4-10所示，户主不同的年龄段，其住房获得方式也不同。户主年龄在50岁以上的家庭，以低于市场价从单位购买的、单位的以及自己购买的公产房比例较高。这是因为1998年房改，住房分配制度由福利分配向市场化转变，政府和单位的住房直接分配或低价卖给职工，户主年龄在50岁以上的家庭大多经历过此次房改，能以低于市场价从单位购买住房或公产房。中青年的户主家庭自己购买二手房、经济适用房和小产权房的比例较高，住房制度改革后，城市居民只能通过市场化方式购买住房。

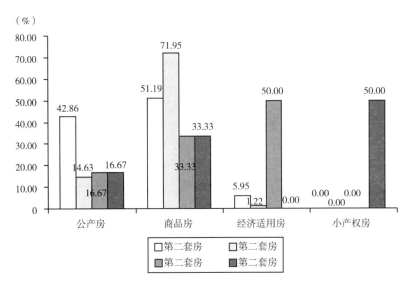

图 4-16 被调查家庭二套房获得住房的方式

表 4-10   户主年龄与住房获得方式   单位:%

年龄	低于市场价从单位购买	单位的	自己购买的公产房	自己购买的商品房	自己购买的二手房	自己购买的经济适用房	自己购买的小产权房	其他
20~29 周岁	5.66	11.32	8.49	43.40	6.60	13.21	2.83	8.49
30~39 周岁	7.94	3.25	10.11	44.77	9.75	16.61	3.61	3.97
40~49 周岁	8.94	10.55	13.06	37.39	7.69	7.51	5.55	9.30
50~59 周岁	14.59	13.73	18.03	30.47	3.86	5.15	2.15	12.02
60~69 周岁	13.79	20.69	17.24	34.48	3.45	0.00	3.45	6.90
大于70 周岁	12.45	13.97	15.94	33.84	5.68	3.93	2.84	11.35

③ 户主受教育水平与住房获得方式。

户主没受过教育的家庭,以低于市场价从单位购买住房和购买经济适用房的比例最高,由于受教育水平低的家庭其收入一般不高,故其有资格申请经济适用房,并且能从房改前单位购买到低于市场价的住房。户主受教育水平在大学本科及以上的家庭,其购买商品房的比例最高,但其购买经济适用房的比例最低,这在一定程度上是由于受教育水平越高的家庭其收入越高,一般不具备购买经济适用房的资格(见表 4-11)。

表 4－11　　　　　　　　户主受教育水平与住房获得方式　　　　　　　单位:%

受教育水平	低于市场价从单位购买	单位的	自己购买的公产房	自己购买的商品房	自己购买的二手房	自己购买的经济适用房	自己购买的小产权房	其他
没上过学	33.33	0.00	8.33	16.67	8.33	25.00	0.00	8.33
小学	5.00	7.50	17.50	23.75	10.00	16.25	2.50	17.50
初中	5.32	6.38	10.99	32.62	6.38	12.77	7.80	17.73
高中	10.58	9.56	15.70	30.72	7.17	12.29	5.12	8.87
中专/职高	10.00	15.83	15.00	43.33	5.83	2.50	1.67	5.83
大专/高职	19.17	11.40	14.51	37.82	5.18	6.74	2.59	2.59
大学本科	8.28	14.42	11.35	48.77	7.98	2.76	3.37	3.07
硕士研究生	5.71	8.57	5.71	68.57	5.71	5.71	0.00	0.00
博士研究生	20.00	0.00	40.00	40.00	0.00	0.00	0.00	0.00

④ 户主收入与住房获得方式。

按户主收入高低，将家庭分为八个等级，如表4－12所示。收入的高低不仅决定着是否有能力购房，也影响着住房购买的方式。户主收入低的家庭以低于市场价从单位购买的比例较高，户主收入高的家庭购买商品房的比例较高。户主的收入高，住房支付能力较高，能以较高的价格从市场购买商品房，而低收入家庭，住房支付能力较低，能以低于市场价从单位购买住房或购买经济适用房。

表 4－12　　　　　　　　户主收入与住房获得方式　　　　　　　单位:%

	低于市场价从单位购买	单位的	自己购买的公产房	自己购买的商品房	自己购买的二手房	自己购买的经济适用房	自己购买的小产权房	其他
1 万元以下	13.13	16.16	18.18	29.29	7.07	2.02	5.05	9.09
1 万~2 万元	12.50	17.86	8.93	28.57	6.25	7.14	3.57	15.18
2 万~5 万元	10.00	9.23	11.54	42.56	6.15	4.36	5.64	10.51
5 万~10 万元	8.71	9.23	12.93	35.09	8.18	16.89	3.69	5.28
10 万~20 万元	9.82	8.04	9.82	45.54	4.46	16.96	1.79	3.57
20 万~50 万元	3.45	10.34	17.24	65.52	0.00	3.45	0.00	0.00
50 万~100 万元	0.00	33.33	0.00	66.67	0.00	0.00	0.00	0.00
100 万~200 万元	0.00	0.00	33.33	33.33	0.00	0.00	0.00	33.33

（2）购房贷款基本情况

住房分配由福利分房到市场化方式的转变，使得城镇居民住房的获得方式不再是由政府和单位统一分房，而是从市场上购买商品房。由于住房的资产属性，居民家庭收入一般难以一次性支付购房款项，因此，住房贷款是随着住房市场发展而快速发展的一项银行业务。

为了更清晰地反映购房银行贷款的情况，我们将银行贷款按住房分为第一套住房、第二套住房和第三套住房，表4-13显示了各套住房是否有银行贷款的具体构成。从表4-13可以看出，第一套房有银行贷款的家庭比例为36.39%，低于第二套房和第三套房的比例，无银行贷款的比例为63.61%，高于第二套房和第三套房的比例。

表4-13 　　　　　　　　　　银行贷款的比例 　　　　　　　　单位:%

是否有银行贷款	第一套房	第二套房	第三套房
有	36.39	44.69	37.04
无	63.61	55.31	62.96

图4-17更明了地反映了各套房是否有银行贷款的比例。观察可知，第一套住房的无银行贷款家庭的比例高，有银行贷款家庭的比例低。第三套住房是否有银行贷款的家庭比例与第一套房十分接近，这是因为，第三套房的购买者绝大多数为了投资，这类购房者通常资金实力雄厚，可以一次付清，而不需要银行贷款。

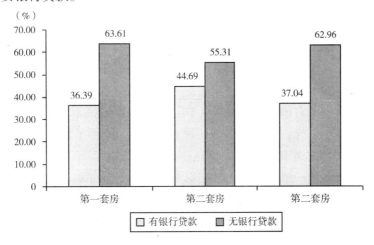

图4-17　被调查家庭是否有购房贷款

下面对第一套住房是否有银行贷款进行更细致的分析。图4-18反映了全国、京津冀地区及非京津冀地区家庭第一套住房是否有银行贷款的情况。京津冀地区家庭购房有银行贷款和无银行贷款的比例分别为48.33%和51.67%，非京津冀地区家庭购房有银行贷款和无银行贷款的比例分别为33.36%和66.64%。京津冀地区家庭购房有银行贷款的比例显著高于全国水平，可能的原因在于京津冀地区经济较为发达，家庭资金用于多元化投资，并不会都用来支付住房贷款，同时，京津冀地区房价较全国平均水平要高，因而一般工薪阶层家庭也无力一次支付所有购房款项，所以购房贷款的家庭会较高。

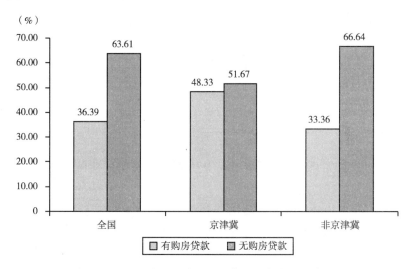

图4-18 按地区分被调查家庭第一套房贷款情况

图4-19是不同规模城市家庭第一套住房是否有银行贷款的情况。从图中可知，四、五线城市购房家庭有银行贷款比例低于一线城市和二、三线城市，这是因为四、五线城市房价显著低于一线城市和二、三线城市，家庭有能力一次性支付所有购款项，此外，四、五线城市居民对购房的消费理念可能与其他城市不一样，买房倾向于一次性付清款项。我们还发现，二、三线城市家庭第一套住房有银行贷款的比例高于一线城市和三、四线城市。二、三城市房价较高，一般家庭收入可能仍无法支付全部房款，会选择银行贷款，因此呈现了上述图4-19的特点。

对于家庭第一套住房购买中，没有银行贷款的原因主要分为：不需要、需要但没申请过、申请被拒绝、以前房贷已还清等类型，如图4-20所示。其中，不需要贷款的比例为87.86%、需要但没申请过的比例为7.62%、申

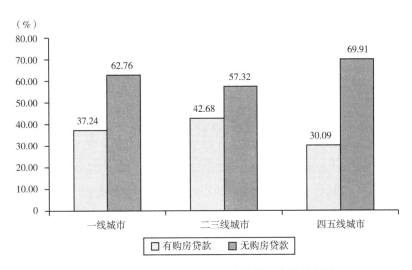

图 4 – 19　按城市类型分被调查家庭第一套房贷款情况

请被拒绝的比例为 1.6%、以前房贷已还清的比例为 2.91%，这表明购买第一套住房没有住房贷款的家庭，主要是因为有充裕的住房支付能力，并不需要银行贷款。

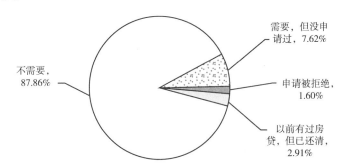

图 4 – 20　被调查家庭第一套房没有银行贷款的原因

　　对于家庭第二套住房购买中，没有银行贷款的原因如图 4 – 21 所示。其中，不需要贷款的比例为 82.74%、需要但没申请过的比例为 9.52%、申请被拒绝的比例为 2.98%、以前房贷已还清的比例为 4.76%，这表明购买第二套住房没有住房贷款的家庭，因为有充裕的住房支付能力，并不需要银行贷款，还有部分没有银行贷款的家庭没有申请，可能是不具备相应贷款条件。

　　对于家庭第三套住房购买中，没有银行贷款的原因如图 4 – 22 所示。其中，不需要贷款的比例为 74.29%、需要但没申请过的比例为 14.29%、申请

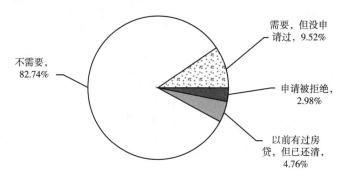

图 4 – 21 被调查家庭第二套房没有银行贷款的原因

被拒绝的比例为 2.86%、以前房贷已还清的比例为 8.57%，这表明购买第二套住房没有住房贷款的家庭，也是因为有充裕的住房支付能力。

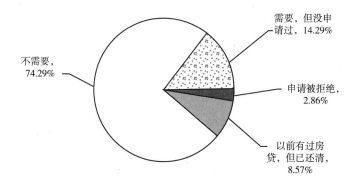

图 4 – 22 被调查家庭第三套房没有银行贷款的原因

通过以上分析可知，购买住房没有银行贷款的主要原因在于不需要银行贷款，还有部分家庭是需要银行贷款但并没有申请过，尤其是第三套房，这一比例高达 14.29%，这可能是因为国家相应的"限购""限贷"政策，使得部分想投资炒房的家庭即使需要住房贷款，但也没法申请。申请住房贷款被拒绝的家庭比例非常低，一般不超过 3%（如表 4 – 14 所示）。

表 4 – 14		没有银行贷款的原因		单位：%
没有房贷原因	不需要	需要，但没申请过	申请被拒绝	以前有过房贷，但已还清
第一套房	87.86	7.62	1.60	2.91
第二套房	82.74	9.52	2.98	4.76
第三套房	74.29	14.29	2.86	8.57

图 4-23 更明了地揭示了家庭购买住房时没有住房贷款的原因，我们发现首套房、第二套房及第三套房不需要贷款的比例依次降低，这说明随着购房套数的增加，对住房贷款的需求增加。需要但并没有申请房贷的家庭比例增加，这体现了国家对房地产市场的宏观调控政策，"限贷"政策直接限制了住房购买能力，以调节住房市场的需求。所以，部分购买多套房的家庭，即便是有贷款需求也并没有申请。

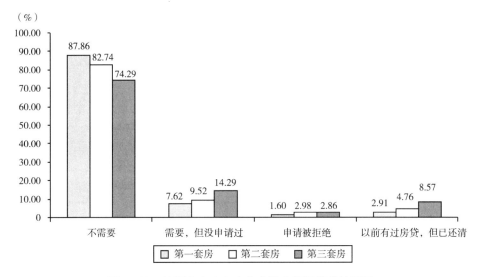

图 4-23 被调查家庭各套住房没有银行贷款的原因

① 户主年龄与没有银行贷款的原因。

按户主年龄的不同，没有银行贷款的原因也有所差异，如表 4-15 所示。大部分没有银行贷款的家庭，主要是因为不需要银行贷款，还有一部分是需要银行贷款的家庭却没有申请过。户主年龄在 30~39 周岁间的家庭是最不需要银行贷款的，这一比例为 90.99%。户主年龄在 30~39 周岁间的家庭申请贷款但被拒绝的比例最高。

表 4-15 户主年龄与没有银行贷款的原因   单位:%

年龄	不需要	需要但没申请过	申请被拒绝	以前有银行贷款但已还清
20~29 周岁	90.57	9.43	0.00	0.00
30~39 周岁	90.99	3.60	1.80	3.60
40~49 周岁	85.47	9.69	2.28	2.28

续表

年龄	不需要	需要但没申请过	申请被拒绝	以前有银行贷款但已还清
50~59 周岁	86.31	9.52	0.60	3.57
60~69 周岁	85.71	4.76	4.76	4.76
大于 70 周岁	90.55	4.73	1.45	3.27

② 户主受教育水平与没有银行贷款的原因。

户主为硕士研究生和博士研究生的家庭没有银行贷款的主要原因是不需要，比其他受教育水平的家庭这一比例更高。户主没上过学的家庭其没有银行贷款是由于申请被拒绝的比例最高，达到 12.5%，需要贷款但没申请过的比例为 0，说明户主没上过学的家庭需要贷款但没有条件申请，或即使申请，也容易被拒绝，受教育水平低可能收入也较低，其银行信用较低，不易申请到银行贷款（见表 4 - 16）。

表 4 - 16　　　　　　　　户主受教育水平与没有银行贷款的原因　　　　　　单位:%

受教育水平	不需要	需要但没申请过	申请被拒绝	以前有银行贷款但已还清
没上过学	87.50	0.00	12.50	0.00
小学	88.24	11.76	0.00	0.00
初中	90.91	5.11	1.14	2.84
高中	83.16	12.24	2.04	2.04
中专/职高	85.51	5.80	2.90	5.80
大专/高职	85.48	8.06	3.23	3.23
大学本科	88.20	9.32	0.62	1.86
硕士研究生	94.44	0.00	0.00	5.56
博士研究生	100.00	0.00	0.00	0.00

③ 户主工作性质与没有银行贷款的原因。

由表 4 - 17 可知，户主在军队工作的家庭，不需要贷款和需要银行贷款但并未申请的家庭占比最高，无家庭申请贷款被拒绝的情况，这也是基于军队工作性质的特殊性。除了不需要贷款的家庭，也有部分家庭是因为需要也没申请过，其中个体户家庭需要贷款但没申请过的家庭占比为零。

表 4 - 17 户主工作性质与没有银行贷款的原因 单位:%

工作性质	不需要	需要但没申请过	申请被拒绝	以前有银行贷款但已还清
政府部门	85.00	8.33	1.67	5.00
事业单位	85.45	7.88	1.82	4.85
企业	87.37	7.85	2.05	2.39
非盈利政府组织	93.10	3.45	0.00	3.45
军队	83.33	16.67	0.00	0.00
个体	92.31	0.00	0.00	7.69
其他	90.38	6.73	1.92	0.96

④ 户主收入与没有银行贷款的原因。

收入水平不仅决定了家庭住房拥有率的高低,同时也决定了是否需要贷款,以及为何没有贷款。如表 4 - 18 所示,户主收入越高的家庭其不需要贷款的比例越高,收入在 20 万元以上的家庭都不需要银行贷款,收入低于 20 万元的家庭其没有银行贷款的原因大体一致,主要是需要但没申请过,其次是申请被拒绝,收入低的家庭申请贷款被拒绝的比例较高,是因为其银行信用较低。

表 4 - 18 户主收入与没有银行贷款的原因 单位:%

	不需要	需要但没申请过	申请被拒绝	以前有银行贷款但已还清
1 万元以下	86.89	4.92	1.64	4.92
1 万 ~ 2 万元	81.71	9.76	4.88	3.66
2 万 ~ 5 万元	82.45	11.43	2.45	3.67
5 万 ~ 10 万元	93.19	4.71	0.00	2.09
10 万 ~ 20 万元	90.77	6.15	3.08	0.00
20 万 ~ 50 万元	100.00	0.00	0.00	0.00
50 万 ~ 100 万元	100.00	0.00	0.00	0.00
100 万 ~ 200 万元	100.00	0.00	0.00	0.00

(3) 购房贷款基本形式和还款方式

购房贷款主要有公积金贷款、商业贷款、组合贷款及其他等几种贷款组合方式。由图 4 - 24 可知,公积金贷款和商业贷款是最主要的银行贷款形式,购买第一套房的公积金贷款比例为 36.38%,商业贷款比例为 49.69%,购买第二套房的公积金贷款比例为 43.57%,商业贷款比例为 47.14%,购买第三套房的公积金贷款比例为 54.17%,商业贷款比例为 29.17%。组合贷款所占比例较低,此外还有少部分其他方式的贷款。

通过观察图 4－24 我们还发现，购买第三套房的公积金贷款比例最高，购买第一套房的公积金贷款比例最低，可能是因为购买第一套房的时候，公积金政策未能在全国很好的实施，而购买第二套房和第三套房时，公积金政策较为完善，已惠及更多的购房家庭。商业贷款比例在购买第一套房所占比例最高，而在购买第三套房所占比例最低，一方面是商业贷款比较容易获得，另一方面在于，购买多套住房的家庭可能具备一定经济实力，不需要太多的银行贷款。

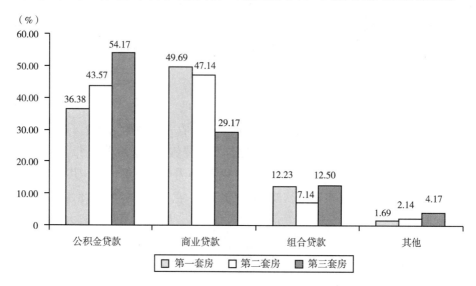

图 4－24　被调查家庭各套住房银行贷款类型

银行还款的方式也多种多样，主要分为一次性偿还本息、等额本息、等额本金、分期不等额偿还等几种方式。如图 4－25 所示，绝大多数家庭选择等额本息，所占比例最高，其次是等额本金和分期不等额偿还，最后是一次性偿还本息，比例较低。第一套房选择一次性偿还本息的比例为 10.52%，等额本息、等额本金及分期不等额偿还的比例分别为 47.72%、15.07%、26.69%；第二套房选择一次性偿还本息的比例为 8.21%，等额本息、等额本金及分期不等额偿还的比例分别为 51.49%、14.93%、24.63%；第三套房选择一次性偿还本息的比例为 5%，等额本息、等额本金及分期不等额偿还的比例分别为 55%、25%、15%。

通过观察图 4－25 我们还发现，购买第一套房选择一次性偿还本息和分期不等额偿还的比例最高，购买第三套房等额本息和等额本金还款方式的比例最低，一次性偿还本息和分期不等额偿还方式的比例最低。总的来看，购房贷款一次性偿还本息的比例较低，说明一般家庭对住房这种财产的支付能力有限，仅有较少部分人能一次性偿还所有本息。等额本息是大多数家庭选择的偿还方式，这样在长期来看能平滑支出，很好地对家庭总的收入流与支出流进行匹配，保证家庭整个收益的平衡。

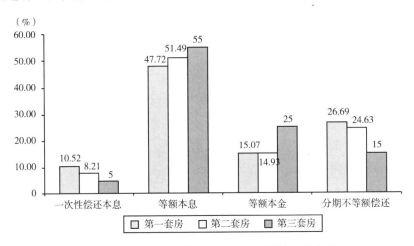

图 4 - 25　被调查家庭各套住房银行贷款还款方式

由图 4 - 26 可知，大部分家庭银行还款计划在整个偿还期限内没有改变，还有部分家庭选择提前偿还贷款，极少有家庭延期还款和停止还款。第一套房和第二套房的银行还款计划基本一致，约 74% 的家庭没有改变还款计划，约有 21% ~ 23% 的家庭提前偿还部分贷款，而购买第三套房的家庭提前偿还部分贷款的比例达到 28.57%，由于对购房的限制，购买多套房的贷款利率较高，购房者为降低成本会选择提前偿还部分贷款。

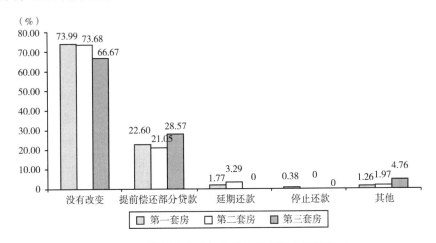

图 4 - 26　被调查家庭各套住房银行贷款还款计划

（4）购房用途

对家庭购房用途进行分类，第一套房用于家人居住的比例为 96.42%，用于投资的比例为 1.26%，用于经营的比例为 0.98%，用作其他用途的比例为 0.63%；第二套房用于家人居住的比例为 85.02%，用于投资的比例为 11.34%，用于经营的比例为 1.62%，用作其他用途的比例为 2.02%；第三套房用于家人居住的比例为 81.82%，用于投资的比例为 15.91%，用于经营的比例为 2.27%，如图 4-27 所示。

第一套房用于家人居住的比例最高，购买的住房越多，其用于居住的比例不断下降，相反，用于投资及经营的比例不断增加。这一现象说明我国住房的投资属性，购买住房除了用于家人居住外，还可以作为一项固定资产投资，或是用于经营，获取一定的升值或经营收益。

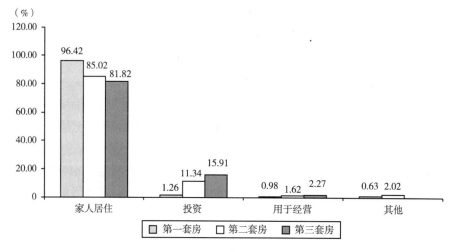

图 4-27 被调查家庭各套住房的购买用途

① 不同地区购房用途。

将购房用途分为自住和非自住（用于投资、经营等），如图 4-28 所示。从图可知，京津冀地区与非京津冀地区居民购买第一套房的用途主要均是自住，这一比例分别为 95.92%、97.30%，同时，京津冀地区购买第一套房用于投资等其他用途的比例高于非京津冀地区，这是由于，与全国其他地区的平均水平相比，其经济发展较快，住房拥有较高的投资价值，购买住房不仅可以用于自住，其投资、经营等价值较高。

② 不同城市规模购房用途。

对于不同的城市规模，将购房用途分为自住和非自住（用于投资、经营

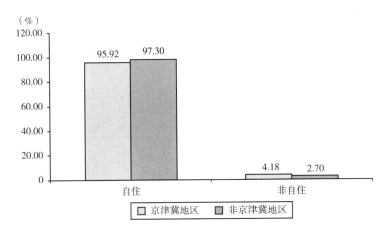

图4-28　按地区分被调查家庭购买住房的用途

等），如图4-29所示。从图可知，一线、二三线、四五线城市居民购买第一套房的用途主要均是自住，这一比例分别为93.94%、96.59%、97.30%。而一线城市的第一套房用于非自住的比例为6.06%，高于其他规模城市。因为一线城市经济发达，住房的投资价值较高，所以其用于非自住的比例高于其他城市。

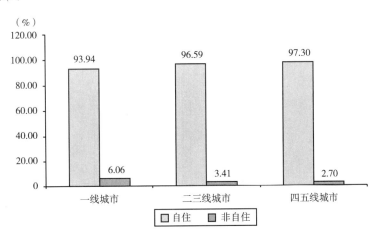

图4-29　按城市类型分被调查家庭购买住房的用途

③户主年龄与第一套住房的购买用途。

如图4-30所示，按户主的年龄分析第一套住房购买用途，我们发现，购买第一套住房的主要用途是用于家人居住。户主年龄在70周岁以上的家庭，用于投资的比例相比其他年龄段户主家庭要高，一个可能的原因在于，老年人买房在于其保值增值，以便作为养老的保障方式之一。

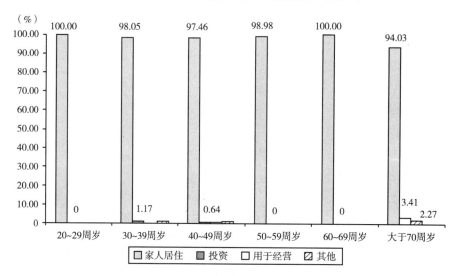

图 4-30　被调查家庭户主年龄与第一套住房的购买用途

④ 户主受教育水平与第一套住房的购买用途

按户主受教育水平的不同，分析购买第一套住房的用途，如图 4-31 所示。各受教育水平的家庭，购买第一套房的用途主要在于家人居住，极少部分用于投资或经营，这与需求层次理论相一致，只有满足了最基本的生理需求、居住需求才会有更高层次的需求，如投资或经营等。

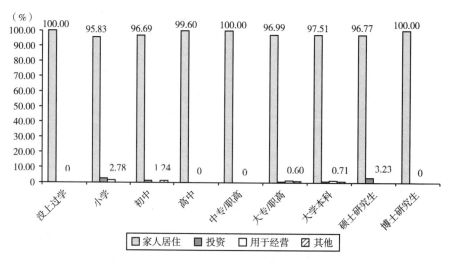

图 4-31　被调查家庭户主受教育水平与第一套住房的购买用途

⑤ 户主工作单位性质与第一套住房的购买用途。

购买第一套房的用途基本都用于家人居住，与户主的工作单位性质无关，与户主年龄、受教育水平对购买第一套住房用途的影响一致，如图 4 - 32 所示。

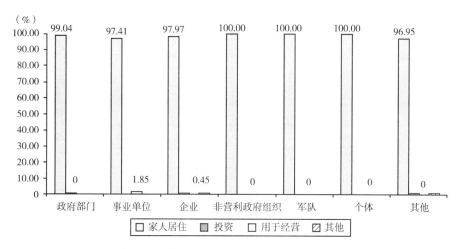

图 4 - 32　被调查家庭户主工作单位性质与第一套住房的购买用途

⑥ 户主工作行业类别与住房的购买用途。

为分析不同行业类型家庭的购房用途，根据户主工作行业将家庭分为高收入行业、中等收入行业和低收入行业等三种类型，如图 4 - 33 所示。从图可知，无论户主在高收入行业、中等收入行业还是低收入行业工作的家庭，第一套房的购房用途基本是用于家人居住，在四种用途中约有 97% 的家庭购买第一套住房均用于家人居住，仅有较少比例用于投资、经营。

如图 4 - 34 所示，无论户主在高收入行业、中等收入行业还是低收入行业工作的家庭，第二套房的购房用途中，低收入行业家庭、中等收入行业家庭和高收入家庭中用于家人居住的比例分别为 88.89%、84.91% 和 83.24%。与图 4 - 33 相比，该比例低于第一套住房。购买第二套住房的用途中，各行业的家庭用于投资、经营的比例均超过 10%，明显高于第一套住房的比例。第二套住房用于家人居住的比例仍较高，一个可能的原因是，部分接受调查的家庭购买第二套房主要是为了将来居住，如作为孩子将来结婚居住备用。

⑦ 户主收入水平与第一套住房的购买用途。

购买第一套房的用途基本都用于家人居住，与户主收入水平无关（如图 4 - 35 所示）。此外，观察图可知，户主收入在 20 万 ~ 50 万元间的家庭，仍

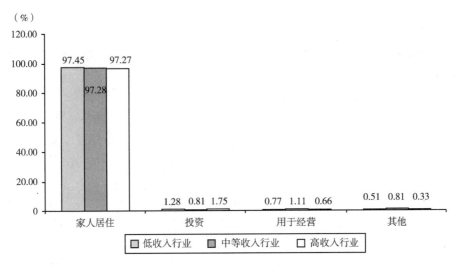

图 4－33　被调查家庭户主工作行业类别与第一套住房的购买用途

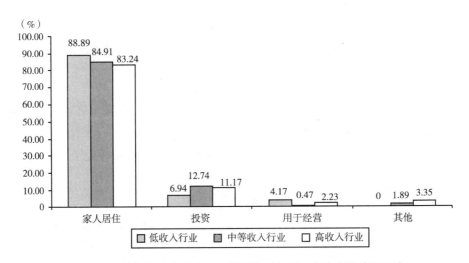

图 4－34　被调查家庭户主工作行业类别与第二套住房的购买用途

有8.7%的家庭购买首套房用于投资，这部分家庭属于中产阶级，有能力购买住房用于投资，住房较低的风险对于投资是较好的选择。

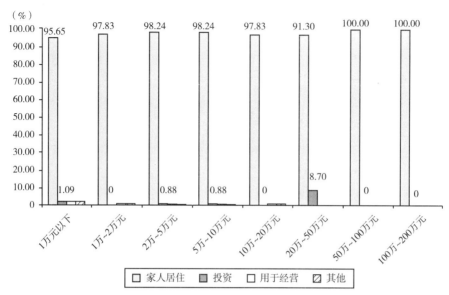

图4-35 被调查家庭户主收入水平与第一套住房的购买用途

4.3 租住房屋情况

4.3.1 租住房屋来源

在城市居住的少数家庭并不拥有属于自己的住房，他们都是租房居住，或是私人住房、公共租赁住房，或是廉租房等。由图4-36可知，63%的无房家庭租住在私人住房，17.6%的无房家庭居住在廉租房，11%的无房家庭居住在公共租赁住房，另外还有8.4%的无房家庭选择其他租房方式，可能是借宿在亲戚朋友家或是工作单位等。

私人住房是租房市场的主要供给方，城市有部分小产权房，私人修建的楼房用于出租给在城市工作的暂未买房的家庭，这在很大程度上解决了这部分人的住房问题。其次，还有部分无房家庭租住公共租赁住房和廉租房，这些国家政策性住房，每个城市供给有限，只能缓解少数低收入家庭的住房问题。

① 户主年龄与租住房屋来源。

私人住房是租住房屋的主要来源，如图4-37所示，户主年龄在20～29岁间、大于70岁的家庭租住私人住房的比例最高。户主年龄在60～69岁间的家庭，租住公共租赁住房最多，比例为37.5%。户主年龄在30～39岁间的家庭，租住廉租住房最多，比例为 28.21%。

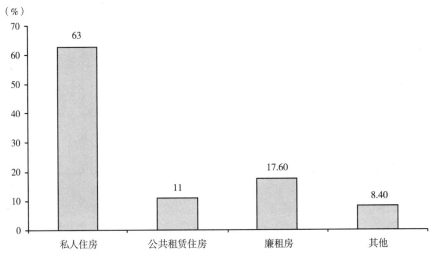

图 4-36　被调查家庭租住房屋来源

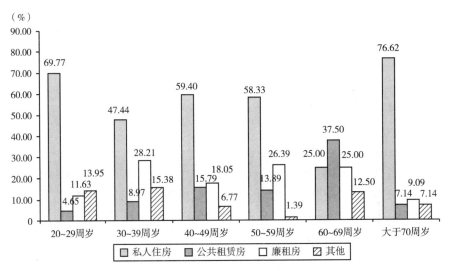

图 4-37　被调查家庭户主年龄与租住房屋来源

② 户主受教育水平与租住房屋来源。

按户主受教育水平分析租住房屋来源，如图 4-38 所示，户主为博士研究生的家庭的租住房屋来源主要是私人住房和廉租住房。户主受教育水平为中专或职高的家庭，租住公共租赁房的比例较高，占比为 24.24%。户主为硕士研究生的家庭，租住私人住房的比例较高，占比为 72.73%。总之，租住房屋的家庭的租房来源主要是私人住房,说明在租赁住房市场,私人住房是租房的主要供给来源。

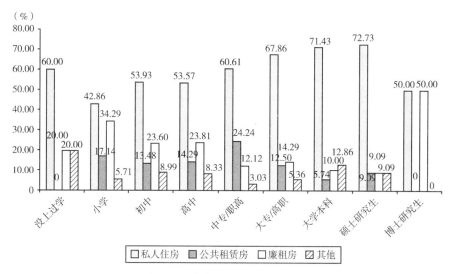

图4-38 被调查家庭户主受教育水平与租住房屋来源

③ 户主工作单位性质与租住房屋来源。

按户主工作单位性质分析租住房屋来源,如图4-39所示,私人住房是最主要的来源,户主工作单位性质是非盈利政府组织家庭,其租住私人住房比例为70%。户主在军队工作的家庭租住廉租住房的比例高达50%,个体户家庭租住公共租赁房的比例为33.33%,高于其他类型家庭。

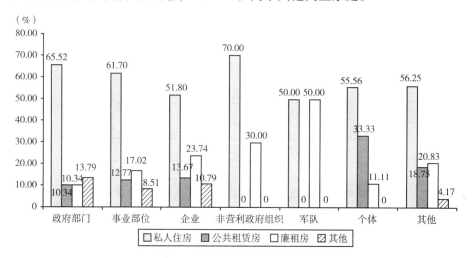

图4-39 被调查家庭户主工作单位性质与租住房屋来源

④ 户主收入水平与租住房屋来源。

按户主收入水平分析租住房屋来源，如图 4 - 40 所示，租住私人住房是各收入阶层最主要的租房来源。户主收入低于 10 万元的家庭，租住廉租住房的比例仅次于租住私人住房的比例，由于这些家庭收入有限，住房支付能力较低，具备申请廉租住房的条件。户主收入水平较高的家庭，其租住私人住房的比例较高，收入水平在 10 万 ~20 万元和 20 万 ~50 万元的家庭这一比例分别为 71.43%、66.67%，收入在 50 万元以上的家庭，租房均来源于私有住房。

此外，从图 4 - 40 中还可发现，收入水平在 20 万 ~50 万元的家庭，其租住公共租赁房的比例高达 33.33%，远高于收入低于 10 万元的低收入家庭，这与政府提供公共租赁房的初衷相悖。产生这一现象的原因可能在于，我国保障住房的保障范围存在一定偏差，部分中高收入阶层挤占了本应属于保障低收入阶层住房的公共租赁住房。相关部门应当严格审核，界定申请公共租赁住房的家庭收入水平，限制部分中高收入家庭的寻租空间，让公共租赁住房确实发挥保障低收入家庭居住的作用。另一个可能的原因是，低收入家庭的收入在租赁住房期间明显增加，但其仍有权使用公共租赁房。针对这一情况，政府及相关部门应当设计合理的公共租赁房的退出机制，当家庭收入达到一定水平时，应收回公共租赁房的使用权。

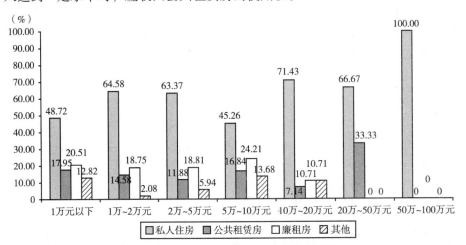

图 4 - 40　被调查家庭户主收入水平与租住房屋来源

4.3.2　租住私人住房获取信息途径

根据中国城市家庭住房消费调查数据，将租房信息获取途径分为十类，包括网络、中介、亲友、广告等。其中 232 户家庭租住私人住房，341 户家庭租住保障房。租住私人住房的家庭中，通过网络、中介、亲友、广告及政府等途径获取租房信息的家庭分别有 74 户、58 户、20 户、36 户和 32 户。租住保障房的家庭中，通过网络、中介、亲友、广告及调查查询等途径获取租房信息的家庭分别有 111 户、95 户、56 户、63 户和 12 户（见表 4 - 19）。

表 4 - 19　　　　　　　　　　租住房信息获取途径

获取信息方式	租住私人住房	租住保障房
网络	74	111
中介	58	95
亲友	20	56
广告	36	63
售楼处	2	2
政府	32	
调查查询	7	12
介绍		1
合同书	1	
单位	2	1
总调查家庭户数	232	341

图 4 - 41 是租住私人住房获取信息途径的比例，从图可知，通过网络找到租房信息的比例最高，所占比例为 32.55%，其次是通过中介和广告，比例分别为 27.86%、18.48%。这表明网络平台已然成为租房市场的主要信息传递和分享途径，中介和广告这些传统方式在获取租房信息的过程中依然是不可或缺的。亲友介绍获得租房的比例为 16.42%，说明亲友介绍也是获取租住私人住房信息的主要途径之一。此外，通过调查查询途径寻找租房信息的比例为 3.52%，还有极少数家庭是通过售楼处、介绍及单位等途径获得租房信息。

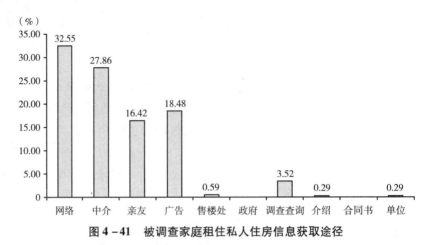

图 4-41　被调查家庭租住私人住房信息获取途径

4.3.3　租住保障房获取信息途径

图 4-42 是获取租住保障住房信息各种途径的比例。从该图可知，通过网络找到租房的比例最高，占比例为 31.9%，其次是通过中介和广告，比例分别为 25%、15.52%，这表明网络平台、中介、广告等新兴信息传播平台正成为获取保障住房信息的主要途径。此外，通过政府途径寻找租房信息的比例为 13.79%，表明政府在发布保障住房信息方面仍扮演着重要角色。值得注意的是，通过亲友介绍获得租房信息的比例为 0.86%，说明社会网络对于居民获取保障住房信息所发挥的作用已处于较低水平。

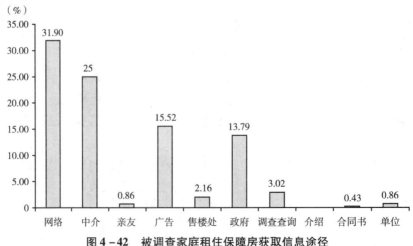

图 4-42　被调查家庭租住保障房获取信息途径

第 5 章

住房消费偏好与交易信息

5.1 住房消费偏好

调查问卷中，在购买现居住的住房之前，是否拥有自己的住房？调查样本中回答此问题的有效样本一共有 1816 个家庭。其中，购买现居住住房之前，拥有自己住房的家庭有 714 个，没有自己住房的家庭有 1102 个。从百分比看，拥有自己住房的家庭比例占 39.32%，购买现住房前没有自己住房的家庭比例占 60.68%，如图 5 - 1 所示。这意味着，买房家庭中大多数家庭是因刚性需求做出购买选择的，只有不到四成的家庭购买住房是为满足改善性消费需求。

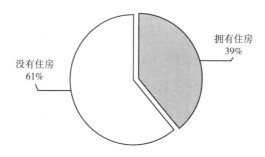

图 5 - 1 被调查家庭购买现居住住房之前是否拥有自己住房

我们将城市家庭按户口分类，一共有 1789 户有效家庭样本。对这些样本来说，在购买现住房前，拥有住房的比例问题上，本市非农户口的家庭最多，有 1308 户，其中 522 户家庭购买现住房前，拥有住房；本市农业、非农业户口家庭购买现住房前，拥有住房的比例接近，约为 40%；外地非农户口家庭购买现住房前，拥有住房的比例最高，达到 44.83%；外地农业户口家庭购买现住房前，拥有住房的比例最低，为22.08%。具体如图5－2所示。

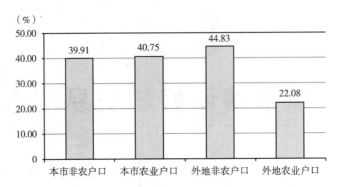

图5－2　按户口统计被调查家庭购买现有住房前拥有住房的比例

从户主年龄看住房情况，共有1388户有效家庭样本，各个年龄段购房主要是为满足刚性住房需求。其中864户家庭购买现有住房前没有住房，是为满足刚性住房需求，占62.25%；524户家庭购买现有住房前有住房，是为满足改善性住房需求，占37.75%。购买现住房前，拥有住房的比例，即改善性住房需求中，36岁以上年龄的户主比例明显更高。其中，36～45岁年龄段的户主比例最高，为43.66%，26～35岁年龄段的户主比例最低，为33.16%。如图5－3所示。

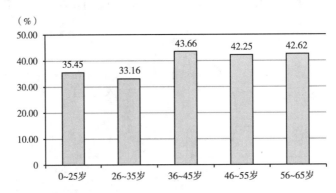

图5－3　按年龄段统计被调查家庭购买现住房前拥有住房的比例

从户主收入看，在购买现住房前，拥有住房的比例上，收入水平越高，拥有二套房的比例越大。我们将全样本数据，根据户主收入水平进行五等分，得到1057户有效样本，购买现住房前，拥有住房的比例为37.09%。从不同收入水平看，中高收入户、最高收入户购买现住房前，拥有住房的比例最高，在40%以上，其他三组家庭，购买现住房前，拥有住房的比例在33%左右，如图 5 - 4 所示。

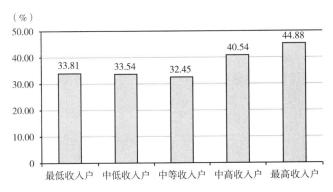

图 5 - 4　按收入水平统计被调查家庭购买现住房前拥有住房的比例

　　从户主从事的行业类型看，购买现住房前，拥有住房的比例中，不同行业类型差异不大。按户主从事的行业类型，可分为低收入行业、中等收入行业、高收入行业①。购买住房的家庭，共有 1605 户有效样本，其中购买现住房前，拥有住房的家庭有 534 户。购买现住房前，低收入行业家庭拥有住房的比例为 30.90%，中等收入行业家庭拥有住房的比例为 34.13%，高收入行业拥有住房的比例为 34.05%，如图 5 - 5 所示。

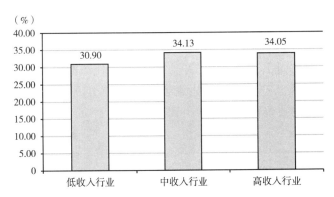

图 5 - 5　按行业类型统计被调查家庭购买现住房前拥有住房的比例

---

　　①　低收入行业包括农林牧渔业、住宿餐饮业、水利、环境和公共设施管理业、居民服务和其他服务业、其他行业等；中等收入行业包括制造业、建筑业、批发和零售业、公共管理和社会组织等；高收入行业包括采矿业，电力、煤气及水生产供应业，交通运输、仓储及邮政业，信息传输、计算机服务和软件业，金融业，房地产业，租赁和商务服务业，科学研究、技术服务和地质勘查业，教育、卫生、社会保障和福利业，文化、体育和娱乐业，国际组织等。

购买现住房前，是否拥有住房？分地区看，京津冀地区在这一问题上回答的有效家庭样本共有405户，其中购买现住房之前，拥有自有住房的家庭有181户，约占44.69%；没有自有住房的家庭有224户，约占55.31%。非京津冀地区在这一问题上回答的有效家庭样本共有1411户，其中购买现住房之前，拥有自有住房的家庭有533户，约占37.77%；没有自有住房的家庭有878户，约占62.23%，如图5-6所示。

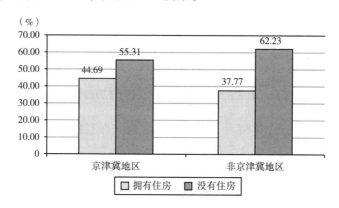

图5-6　按地区分被调查家庭购买现居住住房之前是否拥有自己住房

对于现居住住房面积是否大于原先拥有住房的面积？这一问题，问卷中的有效家庭样本共有943个，其中回答是的家庭样本数量有619个，回答否的家庭样本数量有324个。从比例来看，65.64%的家庭现居住住房的面积大于原先拥有住房的面积，34.36%的家庭现居住的住房面积小于等于原先拥有住房的面积，如图5-7所示。这也意味着65.64%的家庭住房环境得到了改善，这部分家庭的改善性住房需求得到了满足。

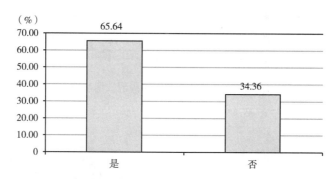

图5-7　被调查家庭现居住住房面积是否大于原先拥有住房面积

对于现居住住房面积是否大于原先拥有住房的面积这一问题。分地区看，京津冀地区的有效家庭样本共有 203 户，其中现住房面积大于原先拥有自有住房面积的家庭有 118 户，约占 58.13%；现住房面积小于等于原先自有住房面积的家庭有 85 户，约占 41.87%。非京津冀地区在这一问题上回答的有效家庭样本共有 740 户，其中购买现住房之前，拥有自有住房的家庭有 501 户，约占 67.70%；没有自有住房的家庭有 239 户，约占 32.30%，如图 5-8 所示。

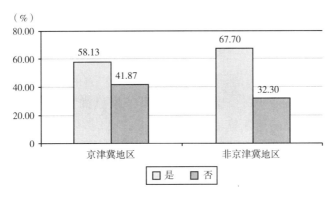

图 5-8 按地区分被调查家庭现居住住房面积是否大于原先拥有住房面积

5.2 住房交易选择

过去 5 年是否出售过自有住房？对于这个问题，调查问卷中回答的有效家庭样本有 1013 个，其中 150 个家庭回答是，即有 150 个家庭过去 5 年出售过自有住房，占比为 14.81%；863 个家庭回答否，即 863 个家庭过去 5 年没有出售过自有住房，占比为 85.19%。更详细来看，出售住房的家庭所出售的住房属于拥有的第一套、第二套、其他套房的家庭分别有 145 家、36 家、30 家（出售住房时间可以超过 5 年）。从比例来看，出售住房的家庭中，68.72% 的家庭出售的是所拥有的第一套住房，17.06% 的家庭出售的是所拥有的第二套住房，14.22% 的家庭出售的是所拥有的其他住房，如图 5-9 所示。出售住房的原因分为改善住房、还债、空置房、投资等多种原因，其中，更换住房，改善居住环境是最为主要的原因。

出售的住房属于家庭的第几套房？这一问题，从分地区看差别不大。京津冀地区家庭中出售的住房属于家庭的第一套住房的比例为 69.23%；出售的住房属于家庭的第二套住房的比例为 12.31%；出售的住房属于家庭其他

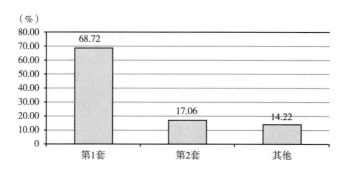

图 5 - 9   被调查家庭出售的住房属于家庭第几套房

套住房的比例为 18.46%。非京津冀地区家庭中出售的住房属于家庭的第一
套住房的比例为 68.49%；出售的住房属于家庭的第二套住房的比例为
19.18%；出售的住房属于家庭其他套住房的比例为 12.33%，如图 5 - 10
所示。

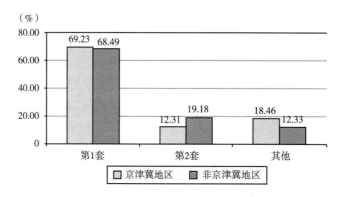

图 5 - 10   按地区分被调查家庭出售的住房属于家庭的第几套房

第 6 章

自有住房特征信息

自有住房特征信息，主要包括住房结构特征指标和住房区位特征指标。住房结构特征指标可分为房屋建筑面积是多少平方米、房屋结构、房屋建筑年龄、房屋楼层、是否有独立卫浴、是否有供暖系统、是否有独立厨房等多项指标；住房区位特征指标可分为住宅小区绿化率、容积率、小区位置、是否有停车场、购物满意度、环境评价、娱乐设施、公共资源、交通条件等多项指标。

6.1　住房结构特征指标

6.1.1　自有住房的建筑面积

调查问卷中，我们通过多项指标来反映中国城市家庭的自有住房特征信息。问卷中城市居民家庭的自有住房的建筑面积数据众多，从 37 平方米到 400 平方米不等。第一套自有住房的建筑面积这一项中有效的城市家庭样本数据有 1802 户，我们按照小于等于 60 平方米、大于 60 平方米小于等于 90 平方米、大于 90 平方米小于等于 120 平方米、大于 120 平方米小于等于 160 平方米、大于 160 平方米五种类型，分别有 215、630、625、233、99 户家庭。从比例数据看，城市家庭中自有住房建筑面积在 60~90 平方米的家庭最多，约占 34.96%；自有住房建筑面积在 90~120 平方米的家庭次多，约占34.68%；自有住房建筑面积在 120~160 平方米以上的家庭较多，约占12.93%；自有住房建筑面积小于等于 60 平方米的家庭较少，约占 11.93%；自有住房建筑面积大于 160 平方米的家庭最少，约占 5.49%。具体如图 6-1所示。

拥有第二套自有住房的家庭户数有 315 户，占拥有自有住房家庭总样本 1802 户的 17.48%，即我们可以粗略地认为，拥有住房的城市家庭中 17.48% 的家庭拥有两套房。在全样本数据下，调查问卷中城市家庭总样本为 2056 户，15.32% 的城市家庭拥有 2 套住房。按照同样分组，分别有 26、73、121、65、31 户家庭。从比例数据看，城市家庭中自有住房建筑面积在 90~120 平方米的家庭最多，约占 38.41%；自有住房建筑面积在 60~90 平方米的家庭次多，约占 23.17%；自有住房建筑面积在 120~160 平方米以上的家庭较多，约占 20.63%；自有住房建筑面积大于 160 平方米的家庭较少，约占 9.84%；自有住房建筑面积小于等于 60 平方米的家庭最少，约占 8.25%，如图 6-1 所示。

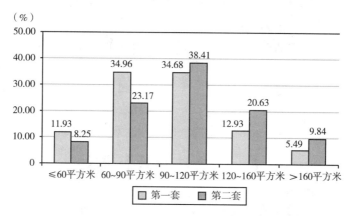

图 6-1　被调查家庭第一、第二套自有住房房屋建筑面积

按照上述分组，京津冀地区第一套自有住房的建筑面积这一项中有效的城市家庭样本数据有 418 户，分别有 44、163、160、39、12 户家庭。从比例数据看，城市家庭中自有住房建筑面积在 60~90 平方米的家庭最多，约占 39.00%；自有住房建筑面积在 90~120 平方米的家庭次多，约占 38.28%；自有住房建筑面积在 60 平方米及以下的家庭较多，约占 10.53%；自有住房建筑面积在 120~160 平方米的家庭较少，约占 9.33%；自有住房建筑面积大于 160 平方米的家庭最少，约占 2.87%，如图 6-2 所示。从比例数据看，非京津冀地区城市家庭中自有住房建筑面积在 60~90 平方米的家庭最多，约占 33.74%；自有住房建筑面积在 90~120 平方米的家庭次多，约占 33.60%；自有住房建筑面积在 120~160 平方米及以下的家庭较多，约占 14.02%；自有住房建筑面积在 60 平方米及以下的家庭较少，约占 12.36%；自有住房建筑面积大于 160 平方米的家庭最少，约占 6.29%，如图 6-2 所示。

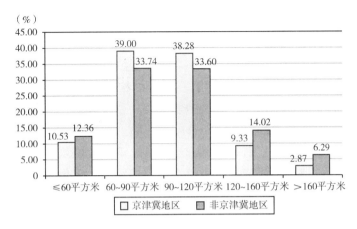

图6-2 按地区被调查家庭第一套住房房屋建筑面积

拥有第三套以上自有住房的家庭户数有48户，占拥有自有住房家庭总样本1802户的2.66%，即我们可以粗略地认为，拥有住房的城市家庭中2.66%的家庭拥有两套住房。在全样本数据下，调查问卷中城市家庭总样本为2056户，2.33%的城市家庭拥有3套住房。同样，我们按照小于等于60平方米、大于60平方米小于等于90平方米、大于90平方米小于等于120平方米、大于120平方米小于等于160平方米、大于160平方米等五种类型，分别有3、7、15、12、11户家庭。从比例数据看，城市家庭中自有住房建筑面积在90～120平方米的家庭最多，约占31.25%；自有住房建筑面积在120～160平方米的家庭次多，约占25%；自有住房建筑面积大于160平方米的家庭较多，约占22.92%；自有住房建筑面积在60～90平方米的家庭较少，约占14.58%；自有住房建筑面积小于等于60平方米的家庭最少，约占6.25%。具体如图6-3所示。

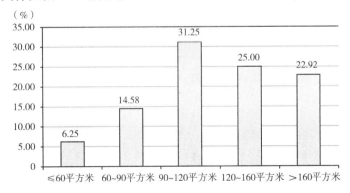

图6-3 被调查家庭第三套以上自有住房房屋建筑面积

6.1.2 自有住房的房屋结构

问卷中城市居民家庭的自有住房的房屋结构类型复杂，从一室一厅到八室三厅四卫，共分30个类型，数据众多。第一套自有住房的房屋结构这一项中有效的城市家庭样本数据有1781户，我们按照二室及以下、三室、四室、五室及以上分为四组，分别有1000、672、75、34户家庭。从比例来看，第一套自有住房的房屋结构为二室及以下的家庭最多，占比为56.15%；第一套自有住房的房屋结构为三室的家庭较多，占比为37.73%；第一套自有住房的房屋结构为四室的家庭，占比为4.21%；第一套自有住房的房屋结构为五室及以上的家庭，占比为1.91%，如图6-4所示。第二套自有住房的房屋结构这一项中有效的城市家庭样本数据有324户，根据上述分组，分别有147、145、22、10户家庭。从比例来看，第二套自有住房的房屋结构为二室及以下的家庭最多，占比为45.37%；第二套自有住房的房屋结构为三室的家庭较多，占比为44.75%；第二套自有住房的房屋结构为四室的家庭，占比为6.79%；第二套自有住房的房屋结构为五室及以上的家庭，占比为3.09%，如图6-4所示。

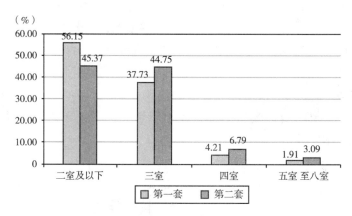

图6-4 被调查家庭第一、第二套住房房屋结构类型

分地区看，京津冀地区第一套自有住房房屋结构该项的有效家庭样本信息有415户。按照上述分组方式，京津冀地区二室及以下、三室、四室、五室至八室等类型的家庭分别有270户、140户、3户、2户。从比例来看，京津冀地区第一套住房房屋结构二室及以下的家庭最多，占65.06%；京津冀地区第一套住房房屋结构三室的家庭较多，占33.73%；京津冀地区第一套住房房屋结构四室的家庭较少，占 0.72%；京津冀地区第一套住房房屋结构五室至八室的家庭最少，占 0.48%。非京津冀地区第一套自有住房房屋结构该项的有效家庭样本信息有 1366 户。按照上述分组方式，非京津冀地区二室及以下、三室、四室、五室至八室等类型的家庭分别有 730 户、532 户、72户、32 户。从比例来看，非京津冀地区第一套住房房屋结构二室及以下的家庭最多，占 53.44%；非京津冀地区第一套住房房屋结构三室的家庭较多，占 38.95%；非京津冀地区第一套住房房屋结构四室的家庭较少，占 5.27%；非京津冀地区第一套住房房屋结构五室至八室的家庭最少，占 2.34%，如图6－5 所示。

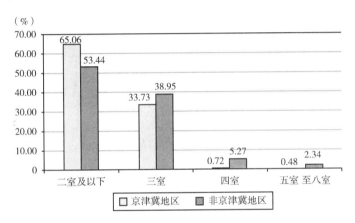

图 6－5　按地区分被调查家庭第一套住房房屋结构类型

　　其他套（第三套及以上）自有住房的房屋结构这一项中有效的城市家庭样本数据有 56 户，我们按照二室及以下、三室、四室、五室及以上等分为四组，分别有 27、23、3、3 户家庭。从比例来看，其他套自有住房的房屋结构为二室及以下的家庭最多，占比为 48.21%；其他套自有住房的房屋结构为三室的家庭较多，占比为 41.07%；其他套自有住房的房屋结构为四室的家庭，占比为 5.36%；其他套自有住房的房屋结构为五室及以上的家庭，占比为 5.36%，如图 6－6 所示。

　　从第一套、第二套、其他套住房的房屋结构类型的比较看，90% 以上的住房房屋结构是二室、三室类型，但不同套次的住房之间又略有差异，如图6－7 所示。第一套住房房屋结构是二室及以下的类型的比例最大，为56.15%；第一套住房中选择三室、四室、五室至八室类型的比例均明显低于第二套住房、其他套住房中相应的选择比例。尽管第二套住房的房屋结构仍然是二室及以下类型最多，但第二套住房选择三室类型的比例明显增加，几

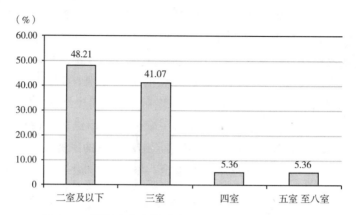

图6-6　被调查家庭第三套以上住房的房屋结构类型

乎与选择二室及以下类型的比例相等。第二套住房中选择四室类型的比例为
6.79%，高于第一套、其他套住房选择四室类型的比例。与第一套、第二套
住房相比，其他套（第三套及以上）住房中选择二室及以下、三室的比例也
较多，其他套住房中选择五室至八室类型的比例最大，为5.36%，明显高于
第一套、第二套住房中选择五室至八室类型房屋的比例。

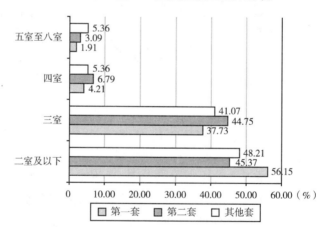

图6-7　被调查家庭第一套、第二套及第三套以上住房的房屋结构类型比较

6.1.3　自有住房的房龄

　　问卷中城市居民家庭的自有住房的房龄数据众多，从0年到100年不等。
第一套自有住房的房龄这一项中有效的城市家庭样本数据有1612户，我们按照房龄在 10 年以下（含 10 年）、10～20 年（含 20 年）、20～30 年（含 30 年）、30 年以上分为四组，分别有 822 户，534 户、146 户、110 户。从比例数据看，第一套自有住房房龄在 10 年以下的家庭最多，占比为 50.99%；第一套自有住房房龄在 10～20 年之间的家庭较多，占比为 33.13%；第一套自有住房房龄在 20～30 年之间的家庭占比为 9.06%；第一套自有住房房龄在 30 年以上的家庭占比为 6.82%，如图 6－8 所示。

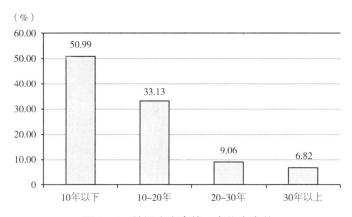

图 6－8 被调查家庭第一套住房房龄

分地区看，京津冀地区第一套自有住房的房龄这一项中有效的城市家庭样本数据有 293 户，我们按照房龄在 10 年以下（含 10 年）、10～20 年（含 20 年）、20～30 年（含 30 年）、30 年以上分为四组，分别有 148 户，84 户、36 户、25 户。从比例数据看，京津冀地区第一套自有住房房龄在 10 年以下的家庭最多，占比例为 50.51%；京津冀地区第一套自有住房房龄在 10～20 年之间的家庭较多，占比为 28.67%；京津冀地区第一套自有住房房龄在 20～30 年之间的家庭占比为 12.29%；京津冀地区第一套自有住房房龄在 30 年以上的家庭占比为 8.53%。相同分组情况下，非京津冀地区第一套自有住房房龄在 10 年以下的家庭最多，占到 51.10%；非京津冀地区第一套自有住房房龄在 10～20 年的家庭较多，占到 34.12%；非京津冀地区第一套自有住房房龄在 20～30 年的家庭较少，占到 8.34%；非京津冀地区第一套自有住房房龄在 30 年以上的家庭最多，占到 6.44%。如图 6－9 所示。

第二套自有住房的房龄这一项中有效的城市家庭样本数据有 293 户，我们按照房龄在 10 年以下（含 10 年）、10～20 年（含 20 年）、20～30 年（含 30 年）、30 年以上分为四组，分别有 229 户，45 户、10 户、9 户。从比例数据看，第二套自有住房房龄在 10 年以下的家庭最多，占比为 78.16%；第二

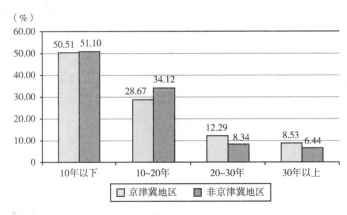

图6-9 按地区分被调查家庭第一套住房房龄分布

套自有住房房龄在10~20年之间的家庭较多，占比为15.36%；第二套自有住房房龄在20~30年之间的家庭占比为3.14%；第二套自有住房房龄在30年以上的家庭占比为3.07%，如图6-10所示。与第一套自有住房的房龄相比，第二套自有住房的房龄在10年以下的明显增多。

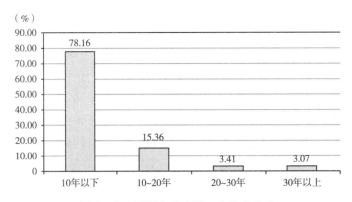

图6-10 被调查家庭第二套住房房龄

其他套（第三套及以上）自有住房的房龄这一项中有效的城市家庭样本数据有50户。由于其他套自有住房的房龄最高的是30年，所以我们按照房龄在10年以下（含10年）、10~20年（含20年）、20~30年（含30年）分为三组，分别有44户、4户、2户。从比例看，其他套自有住房中，房龄在10年以下的占比达到88%，如图6-11所示。

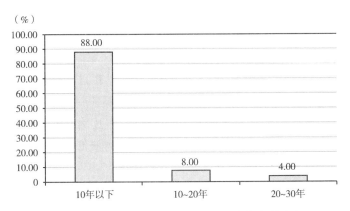

图 6 – 11 被调查家庭第三套以上住房的房龄分布

6.1.4 自有住房所在建筑的楼层数

问卷中，城市居民家庭拥有的第一套自有住房所在建筑的楼层数这一指标中，有效的家庭样本数量为 1789 户，第一套住房所在楼层数从 1 层到 43 层不等，我们按照 10 层以下、10 ~ 20 层、20 ~ 30 层、30 层以上分为四组，每组家庭户数分别为 1526 户、197 户、57 户、9 户。从比例来看，城市居民家庭拥有的第一套自有住房位于 10 层以下的比例最高，为 85.3%；第一套自有住房所在楼层数为 10 ~ 20 层的城市居民家庭比例较高，占比为 11.01%；第一套自有住房所在楼层数为 20 ~ 30 层的城市居民家庭比例较低，占比为 3.19%；第一套自有住房所在楼层数为 30 层以上的城市居民家庭比例最低，为 0.5%，如图 6 – 12 所示。

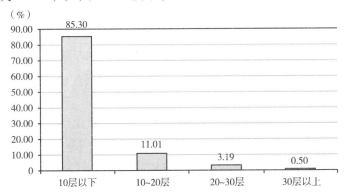

图 6 – 12 被调查家庭第一套住房所在建筑的楼层数

该指标中，京津冀地区有效的家庭样本数量为 416 户，同样按照 10 层以下、10 ~ 20 层、20 ~ 30 层、30 层以上分为四组，每组家庭户数分别为 330 户、66 户、19 户、1 户。从比例来看，京津冀地区家庭拥有的第一套自有住房位于 10 层以下的比例最高，为 79.33%；第一套自有住房所在楼层数为 10 ~ 20 层的城市居民家庭比例较高，占比为 15.87%；第一套自有住房所在楼层数为 20 ~ 30 层的城市居民家庭比例较低，占比为 4.57%；第一套自有住房所在楼层数为 30 层以上的城市居民家庭比例最低，为 0.24%。该指标中，非京津冀地区有效的家庭样本数量有 1373 户，相同分组下每组家庭分别有 1196 户、131 户、38 户、8 户。非京津冀地区家庭拥有的第一套自有住房位于 10 层以下的比例最高，为 87.11%；第一套自有住房所在楼层数为 10 ~ 20 层的城市居民家庭比例较高，占比为 9.54%；第一套自有住房所在楼层数为 20 ~ 30 层的城市居民家庭比例较低，占比为 2.77%；第一套自有住房所在楼层数为 30 层以上的城市居民家庭比例最低，为 0.58%，如图 6 – 13 所示。

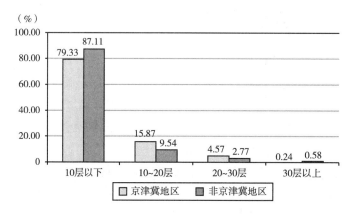

图 6 – 13　按地区分被调查家庭第一套住房所在建筑的楼层数分布

问卷中，城市居民家庭拥有的第二套自有住房所在建筑的楼层数这一指标中，有效的家庭样本数量为 319 户，第二套住房所在楼层数从 1 层到 120 层不等，我们按照 10 层以下、10 ~ 20 层、20 ~ 30 层、30 层以上分为四组，每组家庭户数分别为 234 户、57 户、21 户、7 户。从比例来看，城市居民家庭拥有的第二套自有住房位于 10 层以下的比例最高，为 73.35%；第二套自有住房所在楼层数为 10 ~ 20 层的城市居民家庭比例较高，占比为 17.87%；第二套自有住房所在楼层数为 20 ~ 30 层的城市居民家庭比例较低，占比为 6.58%；第二套自有住房所在楼层数为 20 ~ 30 层的城市居民家庭比例最低，为 2.19% ，如图 6 – 14 所示。

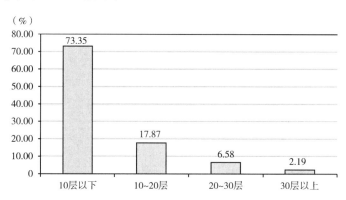

图 6 – 14　被调查家庭第二套自有住房所在建筑的楼层数

问卷中，城市居民家庭拥有的其他套（第三套及以上）自有住房所在建筑的楼层数这一指标中，有效的家庭样本数量为 52 户，其他套住房所在楼层数从 1 层到 30 层不等，我们按照 10 层以下、10 ~ 20 层、20 ~ 30 层分为三组，每组家庭户数分别为 36 户、11 户、5 户。从比例来看，城市居民家庭拥有的其他套住房位于 10 层以下的比例最高，为 69.23% ；其他套住房所在楼层数为 10 ~ 20 层的城市居民家庭比例较高，占比为 21.15% ；其他套住房所在楼层数为 20 ~ 30 层的城市居民家庭比例最低，为 9.62% ，如图 6 – 15 所示。

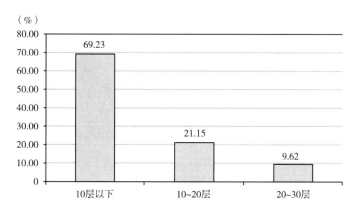

图 6 – 15　被调查家庭第三套以上住房所在建筑的楼层数

6.1.5 自有住房是否有独立卫浴、供暖系统、独立厨房

本次调查询问了城市居民家庭的自有住房是否拥有独立卫生间和浴室，是否拥有供暖系统，是否拥有独立厨房，对于这三个问题，问卷中同样细分为城市居民家庭拥有的第一套、第二套、其他套住房。但由于其他套住房一项中数据缺失较为严重，我们这里仅分析第一套、第二套自有住房中独立卫浴、供暖系统、独立厨房的拥有情况。第一套自有住房是否拥有独立卫生间和浴室的总有效家庭样本数量为1832户，拥有独立卫生间和浴室的家庭数量有1758户，占比为95.96%；第二套自有住房是否拥有独立卫生间和浴室的总有效家庭样本数量为316户，拥有独立卫生间和浴室的家庭数量有312户，占比为98.73%；第一套自有住房是否拥有供暖系统的总有效家庭样本数量为1826户，拥有供暖系统的家庭数量有1304户，占比为71.41%；第二套自有住房是否拥有供暖系统的总有效家庭样本数量为315户，拥有供暖系统的家庭数量有223户，占比为70.79%；第一套自有住房是否拥有独立厨房的总有效家庭样本数量为1810户，拥有独立厨房的家庭数量有1778户，占比为98.23%；第二套自有住房是否拥有独立厨房的总有效家庭样本数量为308户，拥有独立厨房的家庭数量有301户，占比为97.73%，如图6－16所示。

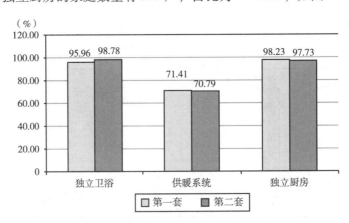

图6－16 被调查家庭第一套、第二套住房拥有独立卫生间和浴室、供暖系统、独立厨房的比例

分地区看，第一套自有住房拥有独立卫生间和浴室该项中，京津冀地区有效家庭样本数量为429户，拥有独立卫浴的家庭有419户，占自有住房家庭的97.67%；非京津冀地区有效家庭样本数量为1403户，拥有独立卫浴的

家庭有 1339 户，占自有住房家庭的 95.44%。第一套自有住房拥有供暖系统
该项中，京津冀地区有效家庭样本数量为 432 户，拥有供暖系统的家庭有
422 户，占自有住房家庭的 97.69%；非京津冀地区有效家庭样本数量为 1394
户，拥有供暖系统的家庭有 882 户，占自有住房家庭的 63.27%。第一套自
有住房拥有独立厨房该项中，京津冀地区有效家庭样本数量为 421 户，拥有
独立厨房的家庭有 419 户，占自有住房家庭的 99.52%；非京津冀地区有效
家庭样本数量为 1389 户，拥有独立厨房的家庭有 1359 户，占自有住房家庭
的 97.84%，如图 6 - 17 所示。

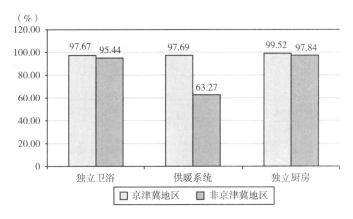

图 6 - 17　按地区分被调查家庭第一套住房拥有独立
卫浴、供暖系统、独立厨房的比例

6.2　住房区位特征指标

6.2.1　住宅小区绿化率

调查问卷中，自有住房所在的住宅小区绿化率数据复杂，从最低的 0%
到最高的 99% 不等。第一套自有住房住宅小区的绿化率这一项中，有效的城
市居民家庭样本数量有 982 户，我们按照绿化率 20% 及以下、20%～40%
（含40%）、40%～60%（含60%）、60% 以上分为四组，相应的城市居民家
庭数量分别为 412 户、373 户、142 户、55 户。从比例数据看，第一套自有
住房所在的住宅小区绿化率在 20% 及以下的家庭所占比例最高，占到
41.96%；第一套自有住房所在的住宅小区绿化率在 20%～40% 的家庭所占

比例次高，占到 37.98%；第一套自有住房所在的住宅小区绿化率在 40% ~ 60% 的家庭所占比例较低，占到 14.46%；第一套自有住房所在的住宅小区绿化率在 60% 以上的家庭所占比例最低，占到 5.6%，如图 6 - 18 所示。第二套自有住房住宅小区的绿化率这项中，有效的城市居民家庭样本数量有 205 户，根据分组数据，相应的城市居民家庭数量分别为 70 户、92 户、29 户、14 户。从比例数据看，第一套自有住房所在的住宅小区绿化率在 20% ~ 40% 的家庭所占比例最高，占到 44.88%；第一套自有住房所在的住宅小区绿化率在 20% 及以下的家庭所占比例次高，占到 34.15%；第一套自有住房所在的住宅小区绿化率在 40% ~ 60% 的家庭所占比例较低，占到 14.15%；第一套自有住房所在的住宅小区绿化率在 60% 以上的家庭所占比例最低，占到 6.83%，如图 6 - 18 所示。

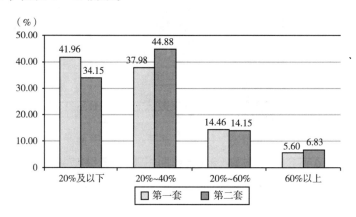

图 6 - 18　被调查家庭第一套、第二套自有住房的住宅小区绿化率

　　分地区看，第一套自有住房住宅小区的绿化率这一项中，京津冀地区有效的城市居民家庭样本数量有 150 户，同样按照绿化率 20% 及以下、20% ~ 40%（含 40%）、40% ~ 60%（含 60%）、60% 以上分为四组，相应的城市居民家庭数量分别为 45 户、59 户、28 户、18 户。从比例数据看，第一套自有住房所在的住宅小区绿化率在 20% ~ 40% 的家庭所占比例最高，占到 39.33%；第一套自有住房所在的住宅小区绿化率在 20% 及以下的家庭所占比例次高，占到 30%；第一套自有住房所在的住宅小区绿化率在 40% ~ 60% 的家庭所占比例较低，占到 18.67%；第一套自有住房所在的住宅小区绿化率在 60% 以上的家庭所占比例最低，占到 12%。非京津冀地区有效的城市居民家庭样本数量有 832 户，按照相同分组，相应的城市居民家庭数量分别为 367 户、314 户、114 户、37 户。从比例数据看，第一套自有住房所在的住宅

小区绿化率在20%及以下的家庭所占比例最高，占到44.11%；第一套自有住房所在的住宅小区绿化率在20%～40%的家庭所占比例次高，占到37.74%；第一套自有住房所在的住宅小区绿化率在40%～60%的家庭所占比例较低，占到13.70%；第一套自有住房所在的住宅小区绿化率在60%以上的家庭所占比例最低，仅占到4.45%，如图6-19所示。

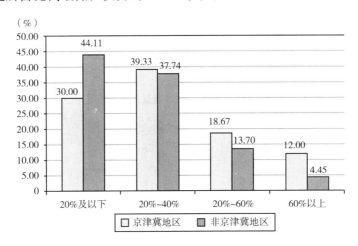

图6-19　按地区分被调查家庭第一套住房住宅小区绿化率

6.2.2　住宅小区容积率

调查问卷中，自有住房所在的住宅小区容积率数据异常值较多，剔除异常值以后，获得容积率在1到8之间的有效家庭样本。由于样本数据残缺严重，我们只考虑第一套自有住房的容积率。第一套自有住房住宅小区的容积率这一项中，有效的城市居民家庭样本数量有144户，我们按照容积率1～2（含）、2～4（含）、4～6（含）、6～8（含）分为四组，相应的城市居民家庭数量分别为70户、65户、8户、1户。从比例数据看，第一套自有住房所在的住宅小区容积率在1到2的家庭所占比例最高，占到48.61%；第一套自有住房所在的住宅小区容积率在2到4的家庭所占比例次高，占到45.14%；第一套自有住房所在的住宅小区容积率在4到6的家庭所占比例较低，占到5.56%；第一套自有住房所在的住宅小区容积率在6到8的家庭所占比例最低，仅占0.69%，如图6-20所示。由于数据量太少，并没有核算分地区的容积率。

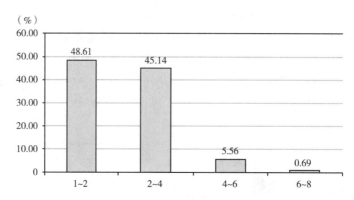

图 6 – 20　被调查家庭第一套自有住房的住宅小区容积率

6.2.3　住宅小区停车便利性及位置特征

调查问卷中，自有住房所在的住宅小区位置可能位于市中心或者郊区。填写第一套自有住房的位置信息的有效家庭样本有 1763 户，其中位于市中心的户数为 1146 户，位于郊区的户数为 617 户。从比例来看，第一套自有住房位于市中心的城市居民家庭所占的比例为 65%；第一套自有住房位于郊区的城市居民家庭所占的比例为 35%。填写第二套自有住房的位置信息的有效家庭样本有 304 户，其中位于市中心的户数有 179 户，位于郊区的户数为 125 户。从比例来看，第二套自有住房位于市中心的城市居民家庭所占的比例为 58.88%；第二套自有住房位于郊区的城市居民家庭所占的比例为 41.11%，如图 6 – 21 所示。

调查问卷中，自有住房所在的住宅小区是否有停车场，填写第一套自有住房该项信息的有效家庭样本有 1752 户，其中住宅小区有停车场的户数为 1093 户，住宅小区没有停车场的户数为 659 户。从比例来看，第一套自有住房所在小区有停车场的城市居民家庭所占的比例为 62.39%；第一套自有住房所在小区没有停车场的城市居民家庭所占的比例为 37.61%。填写第二套自有住房该项信息的有效家庭样本有 305 户，其中住宅小区有停车场的户数为 247 户，住宅小区没有停车场的户数为 58 户。从比例来看，第二套自有住房所在小区有停车场的城市居民家庭所占的比例为 80.98%；第二套自有住房所在小区没有停车场的城市居民家庭所占的比例为 19.02%，如 6 – 21 所示。

分地区看，由于样本数据信息较少，仅比较第一套自有住房的情况。京

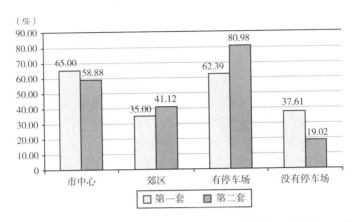

图 6 - 21　被调查家庭自有住房小区位置及停车场特征

津冀地区第一套自有住房位置信息有效的城市家庭样本有 410 户，位于市中心的家庭有 290 户，占 70.73%；位于郊区的家庭有 120 户，占 29.27%。非京津冀地区第一套自有住房位置信息有效的城市家庭样本有 1353 户，位于市中心的家庭有 856 户，占 63.27%；位于郊区的家庭有 497 户，占 36.73%。京津冀地区第一套自有住房停车场信息有效的城市家庭样本有 413 户，住宅小区有停车场的家庭有 247 户，占 59.81%；住宅小区没有停车场的家庭有 166 户，占 40.19%。非京津冀地区第一套自有住房停车场信息有效的城市家庭样本有 1339 户，住宅小区有停车场的家庭有 846 户，占 63.18%；住宅小区没有停车场的家庭有 493 户，占 36.82%，如图 6 - 22 所示。

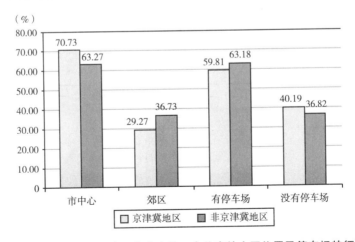

图 6 - 22　按地区分被调查家庭第一套住房的小区位置及停车场特征

6.2.4 住宅小区购物的满意度、环境评价

调查问卷中，住房区位特征指标也考虑了城市居民家庭所在住宅小区购物的满意度、对住宅小区环境的评价。根据层次分析法，对于这两项划分成很差、较差、中等、较好、很好五个等级。第一套自有住房所在小区的购物满意度，回答该项有效的城市居民家庭样本数量为1797户，其中按照很差、较差、中等、较好、很好等级划分的户数依次为62户、179户、764户、586户、206户。从比例数据看，对第一套自有住房小区满意度中等的城市居民家庭数量最多，占比为42.52%；对第一套自有住房小区满意度较好的城市居民家庭数量次多，占比为32.61%；对第一套自有住房小区满意度很好的城市居民家庭数量较多，占比为11.46%；对第一套自有住房小区满意度较差的城市居民家庭数量较少，占比为9.96%；对第一套自有住房小区满意度很差的城市居民家庭数量最少，占比为3.45%，如图6-23所示。

第二套自有住房所在小区的购物满意度，回答该项有效的城市居民家庭样本数量为310户，其中按照很差、较差、中等、较好、很好等级划分的户数依次为10户、25户、97户、133户、45户。从比例数据看，对第二套自有住房小区满意度较好的城市居民家庭数量最多，占比为42.90%；对第二套自有住房小区满意度中等的城市居民家庭数量次多，占比为31.29%；对第二套自有住房小区满意度很好的城市居民家庭数量较多，占比为14.52%；对第二套自有住房小区满意度较差的城市居民家庭数量较少，占比为8.06%；对第二套自有住房小区满意度很差的城市居民家庭数量最少，占比为3.23%，如图6-23所示。

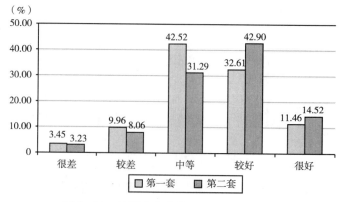

图6-23 被调查家庭住宅小区购物满意度

　　分地区看，第一套自有住房所在小区的购物满意度调查中，京津冀地区该项有效的家庭样本有 424 户，按照上述分组标准，相应的家庭户数分别有 13 户、33 户、209 户、112 户、57 户。从比例数据看，京津冀地区家庭对第一套自有住房购物满意度评价中等的家庭最多，占比为 49.29%；对第一套自有住房购物满意度评价较好的家庭次多，占比为 26.42%；对第一套自有住房购物满意度评价很好的家庭较多，占比为 13.44%；对第一套自有住房购物满意度评价较差的家庭较少，占比为 7.78%；对第一套自有住房购物满意度评价很差的家庭最少，占比为 3.07%。非京津冀地区该项有效的家庭样本有 1373 户，按照上述分组标准，相应的家庭户数分别有 49 户、146 户、555 户、474 户、149 户。从比例数据看，非京津冀地区家庭对第一套自有住房购物满意度评价中等的家庭最多，占比为 40.42%；对第一套自有住房购物满意度评价较好的家庭次多，占比为 34.52%；对第一套自有住房购物满意度评价很好的家庭较多，占比为 10.85%；对第一套自有住房购物满意度评价较差的家庭较少，占比为 10.63%；对第一套自有住房购物满意度评价很差的家庭最少，占比为 3.57%，如图 6-24 所示。

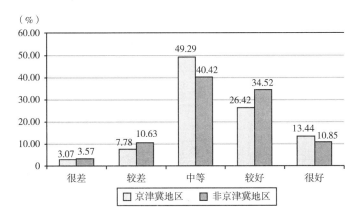

图 6-24　按地区分被调查家庭第一套住房住宅小区购物满意度

　　第一套自有住房所在住宅小区的环境评价，回答该项有效的城市居民家庭样本数量为 1802 户，其中按照很差、较差、中等、较好、很好等级划分的户数依次为 66 户、197 户、792 户、567 户、180 户。从比例数据看，对第一套自有住房小区环境评价中等的城市居民家庭数量最多，占比为 43.95%；对第一套自有住房小区环境评价较好的城市居民家庭数量次多，占比为 31.47%；对第一套自有住房小区环境评价较差的城市居民家庭数量较多，占比为 10.93%；对第一套自有住房小区环境评价很好的城市居民家庭数量较少，占比为9.99%；对第一套自有住房小区环境评价很差的城市居民家庭数量最少，占比为3.66%，如图6-25所示。

第二套自有住房所在的住宅小区的环境评价，回答该项有效的城市居民家庭样本数量为308户，其中按照很差、较差、中等、较好、很好等级划分的户数依次为4户、19户、111户、113户、61户。从比例数据看，对第二套自有住房小区环境评价较好的城市居民家庭数量最多，占比为36.69%；对第二套自有住房小区环境评价中等的城市居民家庭数量次多，占比为36.04%；对第二套自有住房小区环境评价很好的城市居民家庭数量较多，占比为19.81%；对第二套自有住房小区环境评价较差的城市居民家庭数量较少，占比为6.17%；对第二套自有住房小区环境评价很差的城市居民家庭数量最少，占比为1.30%，如图6-25所示。

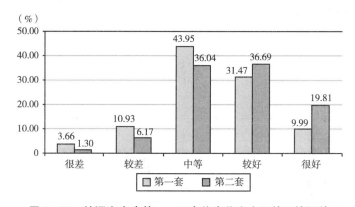

图6-25 被调查家庭第一、二套住房住宅小区的环境评价

分地区看，第一套自有住房所在小区的环境评价调查中，京津冀地区该项有效的家庭样本有423户，按照上述分组标准，相应的家庭户数分别有14户、43户、202户、113户、51户。从比例数据看，京津冀地区家庭对第一套自有住房环境评价中等的家庭最多，占比为47.75%；对第一套自有住房环境评价较好的家庭次多，占26.71%；对第一套自有住房环境评价很好的家庭较多，占12.06%；对第一套自有住房环境评价较差的家庭较少，占10.17%；对第一套自有住房环境评价很差的家庭最少，占3.31%。非京津冀地区该项有效的家庭样本有1379户，按照上述分组标准，相应的家庭户数分别有52户、154户、590户、454户、129户。从比例数据看，非京津冀地区家庭对第一套自有住房环境评价中等的家庭最多，占比42.78%；对第一套自有住房环境评价较好的家庭次多，占32.92%；对第一套自有住房环境

评价较差的家庭较多，占 11.17%；对第一套自有住房环境评价很好的家庭较少，占 9.35%；对第一套自有住房环境评价很差的家庭最少，占 3.77%，如图 6 – 26 所示。

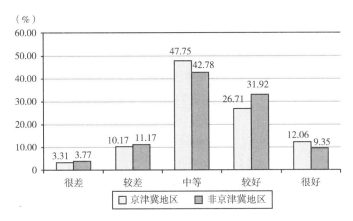

图 6 – 26　按地区分第一套住房住宅小区的环境评价

6.2.5　住宅小区娱乐设施、公园、重点中小学情况

下面分析住宅小区是否有娱乐设施、是否有公园、是否有重点中小学片区等信息。在本次调查样本中，回答第一套自有住房是否有娱乐设施问题的城市居民家庭样本数量为 1780 户。其中，有娱乐设施的家庭数量为 1114 户，没有娱乐设施的家庭数量为 666 户。从比例来看，第一套自有住房的城市居民家庭，住宅小区有娱乐设施的家庭占比例为 62.58%。第二套自有住房是否有娱乐设施这项回答的有效城市居民家庭样本数量为 308 户，有娱乐设施的家庭数量为 238 户，没有娱乐设施的家庭数量为 70 户。从比例来看，第二套自有住房的城市居民家庭，住宅小区有娱乐设施的家庭占比例为 77.27%。具体如图 6 – 27 所示。为简便起见，图中仅描绘出有娱乐设施的家庭所占比例。

第一套自有住房是否有公园这项回答的有效城市居民家庭样本数量为 1793 户，有公园的家庭数量为 913 户，没有公园的家庭数量为 880 户。从比例来看，第一套自有住房的城市居民家庭，住宅小区有公园的家庭占比例为 50.92%。第二套自有住房是否有公园这项回答的有效城市居民家庭样本数量为 307 户，有公园的家庭数量为 187 户，没有公园的家庭数量为 120 户。从比例来看，第一套自有住房的城市居民家庭，住宅小区有公园的家庭占比例为60.91%，如图6-27所示。为简便起见，图中仅描绘出有公园的家庭所占比例。

第一套自有住房是否有重点中小学这项回答的有效城市居民家庭样本数量为1776户，有重点中小学的家庭数量为813户，没有重点中小学的家庭数量为963户。从比例来看，第一套自有住房的城市居民家庭，住宅小区有重点中小学的家庭占比例为45.78%。第二套自有住房是否有重点中小学这项回答的有效城市居民家庭样本数量为306户，有重点中小学的家庭数量为163户，没有重点中小学的家庭数量为143户。从比例来看，第一套自有住房的城市居民家庭，住宅小区有重点中小学的家庭占比例为53.27%，如图6-27所示。为简便起见，图中仅描绘出有重点中小学的家庭所占比例。

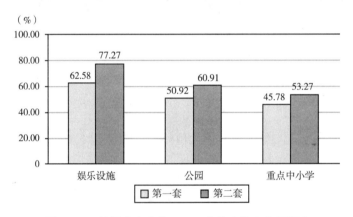

图6-27 被调查家庭第一、二套住房住宅小区拥有
娱乐设施、公园、重点中小学比例

分地区来看，第一套自有住房住宅小区娱乐设施信息项，京津冀地区该项的有效家庭样本有417户，小区有娱乐设施的家庭有315户，占比75.54%；非京津冀地区该项有效家庭样本有1363户，小区有娱乐设施的家庭有799户，占比58.62%。第一套自有住房住宅小区是否有公园一项中，京津冀地区该项的有效家庭样本有422户，小区有公园的家庭有254户，占比60.19%；非京津冀地区该项有效家庭样本有1371户，小区有公园的家庭有659户，占比48.07%。第一套自有住房住宅小区是否有重点中小学一项中，京津冀地区该项的有效家庭样本有414户，小区有重点中小学的家庭有194户，占比46.86%；非京津冀地区该项有效家庭样本有1362户，小区有重点中小学的家庭有619户，占比45.45%，如图6-28所示。

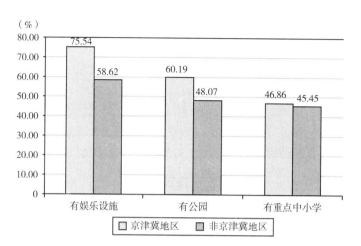

图6−28 按地区分被调查家庭第一套住房住宅小区拥有
娱乐设施、公园、重点中小学比例

6.2.6 住宅小区到公交站、地铁站、CBD的距离

调查问卷中，对于住宅小区到公交站的距离，以千米为单位，剔除大于20千米的异常值。住宅小区到公交站的距离这项，按照0.5千米、0.5~1千米、1~2千米、2~3千米、3千米以上分为五个组，第一套自有住房中有效城市居民家庭样本数量为1464户，对应的家庭户数依次分别为728户、453户、251户、23户、9户。从比例来看，第一套自有住房的城市居民家庭中，住宅小区与公交站距离在0.5千米、0.5~1千米、1~2千米、2~3千米、3千米以上的家庭所占比例，依次分别为49.73%、30.94%、17.14%、1.57%、0.61%。第二套自有住房中住宅小区与公交站距离这项的有效城市居民家庭样本数量为266户，按照0.5千米、0.5~1千米、1~2千米、2~3千米、3千米以上的分组，对应的城市居民家庭户数分别为150户、81户、32户、3户、0户。从比例来看，相应的比例依次为56.39%、30.45%、12.03%、1.13%和0，如图6−29所示。

分地区看，第一套住房住宅小区到公交站的距离一项中，京津冀地区该项有效的家庭样本数量有269户，按照上述分组，相应的家庭有110户、98户、51户、9户、1户。非京津冀地区该项有效的家庭样本数量有1195户，按照同样分组，相应的家庭有618户、355户、200户、14户、8户。相应的比例信息如图6−30所示。

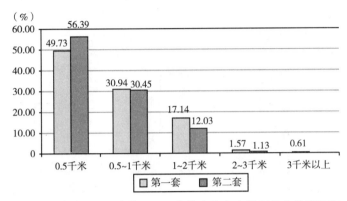

图 6-29 被调查家庭第一、二套住房住宅小区到公交站的距离

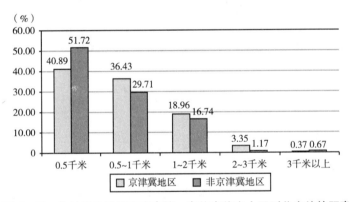

图 6-30 按地区分被调查家庭第一套住房住宅小区到公交站的距离

调查问卷中，对于住宅小区到地铁站的距离，以公里为单位，剔除大于 20 千米的数值。住宅小区到地铁站的距离这项，按照 0.5 千米、0.5~1 千米、1~2 千米、2~3 千米、3 千米以上分为五个组，第一套自有住房中有效城市居民家庭样本数量为 408 户，对应的家庭户数依次分别为 85 户、104 户、178 户、31 户、10 户。从比例来看，第一套自有住房的城市居民家庭中，住宅小区与地铁站距离在 0.5 千米、0.5~1 千米、1~2 千米、2~3 千米、3 千米以上的家庭所占比例，依次分别为 20.83%、25.49%、43.63%、7.60%、2.45%。第二套自有住房中住宅小区与地铁站距离这项的有效城市居民家庭样本数量为 69 户，按照 0.5 千米、0.5~1 千米、1~2 千米、2~3 千米、3 千米以上的分组，对应的城市居民家庭户数分别为 16 户、15 户、27 户、6 户、5 户。从比例来看，相应的比例依次为 23.19%、21.74%、39.13%、8.70% 和 7.25%，如图 6-31 所示。

分地区看，第一套住房住宅小区到地铁站的距离一项中，京津冀地区该

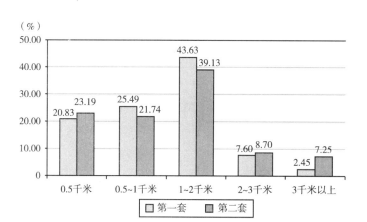

图 6 – 31　被调查家庭第一、二套住房住宅小区到地铁站的距离

项有效的家庭样本数量有 146 户，按照上述分组，相应的家庭有 28 户、45 户、63 户、5 户、5 户。非京津冀地区该项有效的家庭样本数量有 262 户，按照同样分组，相应的家庭有 57 户、59 户、115 户、26 户、5 户。相应的比例信息如图 6 – 32 所示。

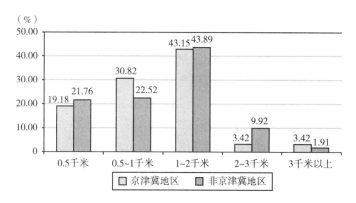

图 6 – 32　按地区分被调查家庭第一套住房的住宅小区到地铁站的距离

调查问卷中，对于住宅小区到 CBD 的距离，以千米为单位。住宅小区到 CBD 站的距离这项，按照 1 千米以内、1 ~ 3 千米、3 ~ 5 千米、5 ~ 10 千米、10 ~ 20 千米、20 千米以上分为六个组，第一套自有住房中有效城市居民家庭样本数量为 839 户，对应的家庭户数依次分别为 157 户、202 户、143 户、176 户、92 户、69 户。从比例来看，第一套自有住房的城市居民家庭中，住宅小区与 CBD 站距离在 1 千米以内、1 ~ 3 千米、3 ~ 5 千米、5 ~ 10 千米、10 ~ 20 千米、20 千米以上的家庭所占比例，依次分别为 18.71%、24.08%、

17.04%、20.98%、10.97%、8.22%。第二套自有住房中住宅小区与 CBD 站距离这项的有效城市居民家庭样本数量为 170 户，按照 1 千米以内、1~3 千米、3~5 千米、5~10 千米、10~20 千米、20 千米以上的分组，对应的城市居民家庭户数分别为 28 户、45 户、22 户、34 户、25 户、16 户。从比例来看，相应的比例依次为 16.47%、26.47%、12.94%、20.00%、14.71% 和 9.41%，如图 6-33 所示。

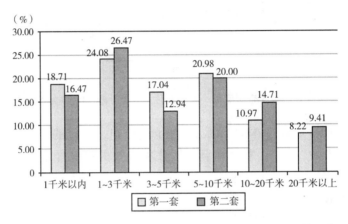

图 6-33　被调查家庭第一、二套住房住宅小区到 CBD 的距离

分地区看，第一套住房住宅小区到 CBD 的距离一项中，京津冀地区该项有效的家庭样本数量有 138 户，按照上述分组，相应的家庭有 25 户、19 户、16 户、42 户、22 户、14 户。非京津冀地区该项有效的家庭样本数量有 701 户，按照同样分组，相应的家庭有 132 户、183 户、127 户、134 户、70 户、55 户。相应的比例信息如图 6-34 所示。

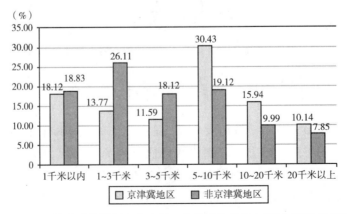

图 6-34　按地区分被调查家庭第一套住房的住宅小区到 CBD 的距离

6.2.7 住宅小区到工作单位的距离、所需时间

调查问卷中,对于住宅小区到工作单位的距离,以公里为单位。住宅小区到工作单位的距离这项,按照1千米以内、1~3千米、3~5千米、5~10千米、10~20千米、20千米以上分为六个组,第一套自有住房中有效城市居民家庭样本数量为1221户,对应的家庭户数依次分别为189户、297户、210户、246户、171户、108户。从比例来看,第一套自有住房的城市居民家庭中,住宅小区与工作单位距离在1千米以内、1~3千米、3~5千米、5~10千米、10~20千米、20千米以上的家庭所占比例,依次分别为15.48%、24.32%、17.20%、20.15%、14.00%、8.85%。第二套自有住房中住宅小区与工作单位距离这项的有效城市居民家庭样本数量为229户,按照1千米以内、1~3千米、3~5千米、5~10千米、10~20千米、20千米以上的分组,对应的城市居民家庭户数分别为24户、54户、36户、52户、39户、24户。从比例来看,相应的比例依次为10.48%、23.58%、15.72%、22.71%、17.03%、10.48%,如图6-35所示。

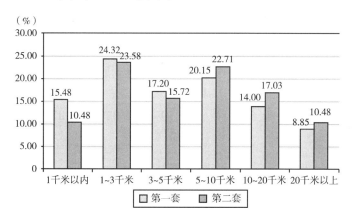

图6-35 被调查家庭第一、二套住房住宅小区到工作单位的距离

分地区看,第一套自有住房住宅小区到工作单位的距离一项中,京津冀地区该项有效的家庭样本数量有184户,按照上述分组,相应的家庭有22户、32户、25户、53户、29户、23户。非京津冀地区该项有效的家庭样本数量有1037户,按照同样分组,相应的家庭有167户、265户、185户、193户、142户、85户。相应的比例信息如图6-36所示。

调查问卷中,对于住宅小区到工作单位的时间,以分钟为单位。从住宅

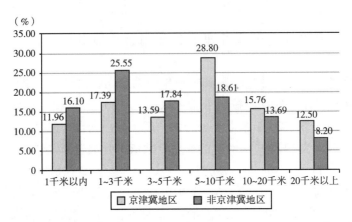

图6-36　按地区分被调查家庭第一套住房住宅小区到工作单位的距离

小区乘坐公交车到达工作单位所需时间按照30分钟以内、30~60分钟、60~90分钟、90~120分钟分为四个组，第一套自有住房中有效城市居民家庭样本数量为1309户，对应的家庭户数依次分别为956户、277户、38户、38户。从比例来看，第一套自有住房的城市居民家庭中，住宅小区乘坐公交车到工作单位所需时间在30分钟以内、30~60分钟、60~90分钟、90~120分钟的家庭所占比例，依次分别为73.03%、21.16%、2.90%、2.90%。第二套自有住房中住宅小区与工作单位距离这项的有效城市居民家庭样本数量为228户，按照30分钟以内、30~60分钟、60~90分钟、90~120分钟的分组，对应的城市居民家庭户数分别为143户、62户、16户、7户。从比例来看，相应的比例依次为62.72%、27.19%、7.02%、3.07%，如图6-37所示。

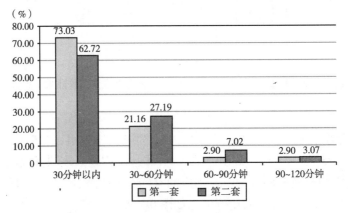

图6-37　被调查家庭第一、二套住房住宅小区乘坐公交车到工作单位的时间

　　分地区看，第一套自有住房住宅小区乘坐公交车到工作单位的时间一项中，京津冀地区该项有效的家庭样本数量有 299 户，按照上述分组，相应的家庭有 233 户、44 户、12 户、10 户。非京津冀地区该项有效的家庭样本数量有 1010 户，按照同样分组，相应的家庭有 723 户、233 户、26 户、28 户。相应的比例信息如图 6 - 38 所示。

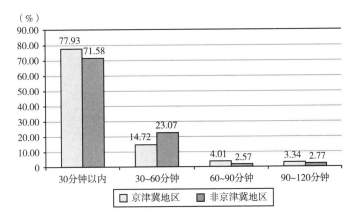

图 6 - 38　按地区分被调查家庭第一套住房住宅小区
乘坐公交车到工作单位的时间

第7章

未来家庭住房消费选择

7.1 全国及区域概况

　　如图7-1所示，调查样本中有超过60%的家庭认为所在城市房价非常高或者较高，而只有不足5%的家庭认为所在城市房价非常低或较低，这说明全国城市家庭总体上倾向认为房价偏高。分各线城市看，一线城市家庭中有超过80%认为所在城市房价非常高或者较高，而认为房价低的微乎其微，其他线城市差别不大，约有半数家庭认为房价非常高或较高。这表明一线城市家庭更倾向认为房价过高。从分地区看，京津冀地区大约3/4的家庭认为房价非常高或较高，而非京津冀地区的这个比例约为55%。由此可见，京津冀地区的城市家庭更倾向认为房价过高。

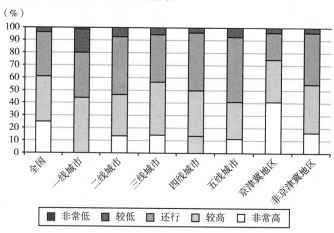

图7-1　被调查家庭对所在城市房价的评价

如图 7 - 2 所示，全国有 22.5% 的居民未来有卖房打算，其中二线和五线城市有卖房打算的居民比例较高，分别为 32.9% 和 42.9%，其他线城市的这个比例约为 20%，京津冀地区和非京津冀地区的这个比例差别不大。

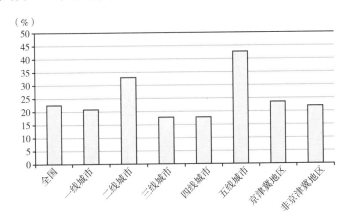

图 7 - 2 被调查家庭未来是否有卖房打算

如图 7 - 3 所示，全国范围内未来有卖房打算的城镇居民有 66% 是为了改善居住条件，这说明我国二手房的供给会被改善性住房需求抵消一大部分，因此二手房的供给不会对住宅供需平衡有较大冲击。分各线城市来看，一二线城市有相对更大比例的卖房原因是为改善居住条件，三、四、五线城市有相对更大比例的卖房原因是住宅闲置；分地区看，京津冀地区有更大比例的卖房原因是为改善居住条件，非京津冀地区有更大比例的卖房原因是住宅闲置。这说明一二线城市、京津冀地区未来有卖房打算的城镇居民有着更高的改善性住房需求，结合一二线城市二手房市场在住房市场中占据更大的比例，因此，一二线城市、京津冀地区的改善性住房需求绝对量要更大。

如图 7 - 4 所示，全国城镇居民理想住房消费面积平均值为 147 平方米，中位数为 125。各线城市、京津冀地区城镇居民理想住房消费面积的平均值差别并不大，而中位数有较大差别，其中一线城市城镇居民理想住房消费面积的中位数最小，五线城市的最大，其他三线差别不大，京津冀地区城镇居民理想住房面积中位数较小，非京津冀地区较大。这可能是由于住房压力随着城市线次降低而递减，非京津冀地区的住房压力也要小于京津冀地区，居民理想住房面积也随之提高，之所以平均值差别不大，很可能是由于一线城市有着更多的高收入人群，拉高了均值，京津冀地区城镇居民理想住房消费面积的平均值甚至高于非京津冀地区。

如图 7 - 5 所示，全国仅有 10.4% 的城镇居民有很强烈或较强烈的意愿

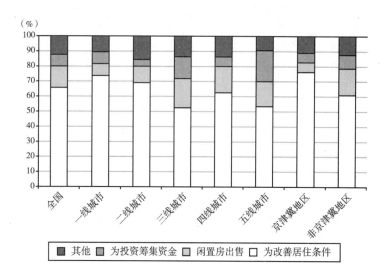

图 7 - 3　被调查家庭卖房原因

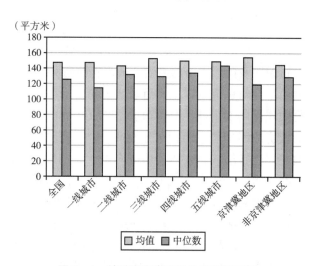

图 7 - 4　被调查家庭理想住房消费面积

在未来进行住房投资，而且有 45.4% 的城镇居民在未来进行住房投资的意愿很不强烈或较不强烈，这反映了我国城镇居民整体未来住房投资需求较小。值得一提的是，一线城市相对其他各线城市、京津冀地区相对其他地区有着更高比例的城镇居民，有很不强烈或较不强烈的意愿在未来进行住房投资。

如图 7 - 6 所示，全国仅有 12.0% 的城镇居民在未来一两年内非常有可能或较有可能有购房意愿，却有 57.6% 的城镇居民在未来一两年内不大可能或非常不可能有购房意愿。分各线城市来看，一、二、三、四线城市的情况

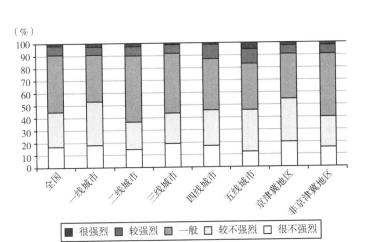

图 7-5　被调查家庭未来住房投资意愿

差不多，而五线城市有相对更大比例的城镇居民非常有可能或较有可能在未来一两年内有购房意愿，有相对更小比例的城镇居民非常不可能或不大可能在未来一两年内有购房意愿。分地区来看，京津冀地区有相对更大比例的城镇居民非常不可能或不大可能在未来一两年内有购房意愿。

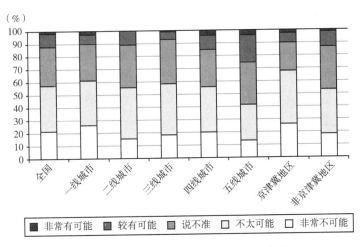

图 7-6　被调查家庭未来一两年购房意愿

如图 7-7 所示，全国在未来一两年有购房意愿的城镇家庭有 55.7% 是为了改善住房条件，22.0% 是为了给父母或其他家人居住，首次置业的比例为 6.4%，为了投资的比例为 8.9%。值得一提的是一线城市在未来一两年有购房意愿的城镇家庭有着相对更高比例的购房目的是改善住房条件。

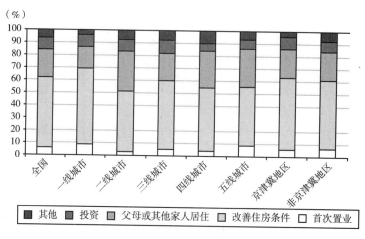

图 7-7　未来一两年有购房意愿家庭的购房目的

7.2　年龄与住房消费选择

如图 7-8 所示，可以看出 40 岁以上年龄越大的户主越倾向认为房价较高或非常高，这可能是由于年龄越大的户主，受福利分房时代的影响越大，越难以接受高企的房价。另外 20～40 岁的家庭户主相对 40～50 岁的家庭户主更倾向认为房价较高或非常高，这一方面是由于他们的经济基础薄弱，另一方面这个年龄要经历结婚生子，有着更强的购房需求。

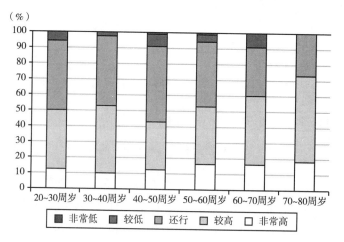

图 7-8　不同年龄家庭户主对现在房价的评价

　　如图 7 - 9 所示，20 ~ 60 岁的城镇居民有卖房打算的比例差别不大，介于 22% 与 26% 之间，60 ~ 80 岁的城镇居民有卖房打算的比例相对较少，分别为 13.9% 和 16.7%。

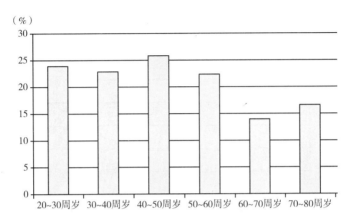

图 7 - 9　不同年龄家庭户主未来是否有卖房打算

　　如图 7 - 10 所示，40 ~ 60 岁的家庭户主有相对更大比例卖房是为投资筹集资金，而 30 ~ 40 岁的家庭户主这个比例相对较小，20 ~ 30 岁的家庭户主这个比例更小，而 60 ~ 80 岁的家庭户主这个比例为零。不同年龄段的家庭户主，卖房原因为改善居住条件和闲置房出售的比例差别并不大。

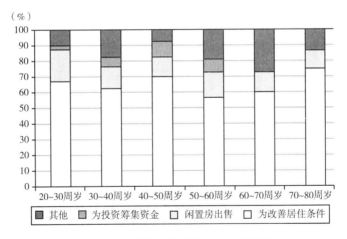

图 7 - 10　不同年龄家庭户主卖房原因

　　如图 7 - 11 所示，20 ~ 70 岁的家庭户主理想住房消费面积均值和中位数差别不是很大，均值介于 135 平方米与 149 平方米之间，除了 40 ~ 50 年龄段的中位数为 130 平方米，其他年龄段的中位数均为 120 平方米，70~80 岁的家庭户主理想住房消费面积均值和中位数都偏小，分别为 111 平方米和 100 平方米。

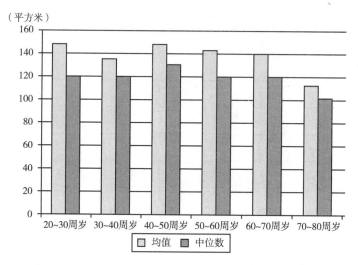

图 7－11　不同年龄段家庭户主理想住房消费面积

如图 7－12 所示，不同年龄段的家庭户主未来住房投资需求情况类似，有接近半数非常不可能或者不太可能在未来有住房投资需求，其中 70~80 岁的这个比例超过了一半，而仅有 10% 左右较有可能或者非常有可能在未来有住房投资需求，70~80 岁的这个比例仅有 5.8%。

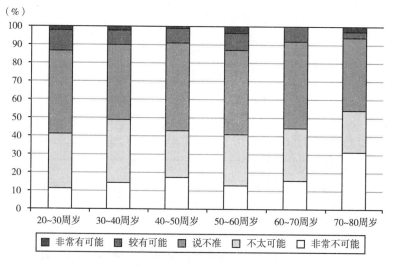

图 7－12　不同年龄段家庭户主未来住房投资需求

如图 7 - 13 所示，20 ~ 70 岁的家庭户主未来一两年购房意愿情况类似，有一半至六成非常不可能或者不太可能在未来一两年内有购房意愿，而仅有 15% 左右较有可能或者非常有可能在未来有住房投资需求。70 ~ 80 岁的家庭户主有八成非常不可能或不大可能在未来一两年内有购房意愿，而仅有 5.4% 非常可能或较有可能在未来一两年内有购房意愿。

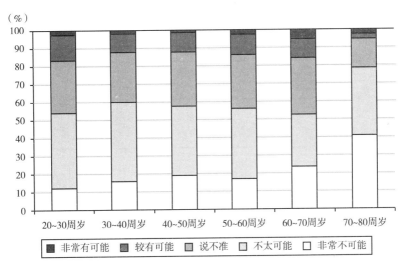

图 7 - 13 不同年龄段家庭户主在未来一两年内购房意愿

7.3 学历与未来家庭住房选择

如图 7 - 14 所示，硕士和博士学历的家庭户主有 18.5% 卖房是为投资募集资金，而大学本科或大专学历的家庭户主的这个比例是 9.4%，仅为前者的一半，中学或中专学历的家庭户主的这个比例是 6.2%，小学及以下学历的家庭户主的这个比例仅有 1.9%。

如图 7 - 15 所示，可以看出，学历对家庭户主理想住房消费面积的平均值和中位数影响不大，不同学历家庭户主理想住房消费面积的平均值和中位数分别为 140 平方米左右和 120 平方米左右。

如图 7 - 16 所示，可以看出学历对家庭户主未来住房投资需求影响不大。

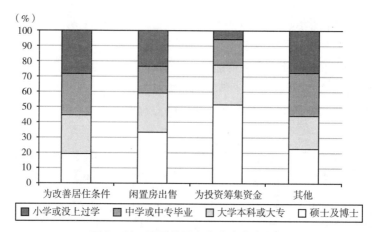

图 7 – 14　不同学历家庭户主卖房原因

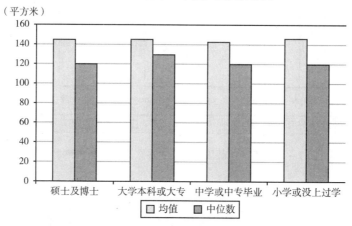

图 7 – 15　不同学历家庭户主理想住房消费面积

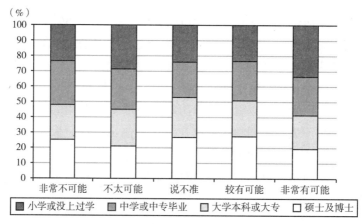

图 7 – 16　不同学历家庭户主未来住房投资需求

如图 7 - 17 所示，我们可以看出硕士和博士学历的家庭户主相对更有可能在未来一两年内买房，大学本科或大专学历的家庭户主有相对较小的可能在未来一两年内买房，而其他学历水平的家庭户主在未来一两年内买房的可能性更小。

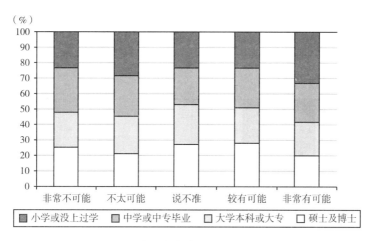

图 7 - 17　不同学历家庭户主未来一两年购房意愿

如图 7 - 18 所示，我们可以看出大学本科或大专学历的家庭户主有相对更大比例未来一两年内买房的原因是投资，而硕士及博士学历的家庭户主有相对更大比例未来一两年内买房的原因是改善住房条件。

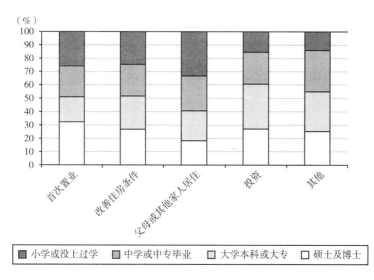

图 7 - 18　不同学历家庭户主未来一两年购房原因

7.4 工作单位与未来家庭住房选择

如图 7 - 19 所示，在军队工作的家庭户主有着相对最高比例认为房价非常高，在企业工作的次之，在非营利组织工作的家庭户主有着最高比例认为房价较低。

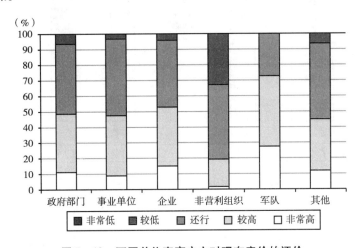

图 7 - 19　不同单位家庭户主对现在房价的评价

如图 7 - 20 所示，在非营利组织工作的家庭户主有卖房打算的比例最高，其次是在政府部门工作的家庭，而在军队工作的家庭出售住房的意愿最低。

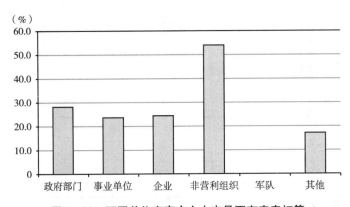

图 7 - 20　不同单位家庭户主未来是否有卖房打算

如图 7 - 21 所示，在非营利组织工作的家庭户主有着最高比例卖房的原因是为改善居住条件，而政府部门和事业单位的家庭户主有着更高比例的卖房原因是为投资筹集资金。

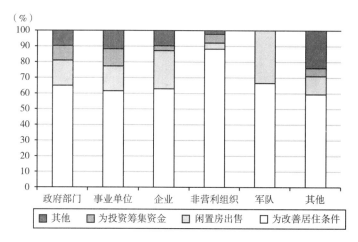

图7-21 不同单位家庭户主卖房原因

如图7-22所示，在非营利组织工作的家庭户主有着最高的理想住房消费面积平均值及中位数，军队次之，在其他单位工作的家庭户主平均理想住房面积平均值和中位数差别不大。

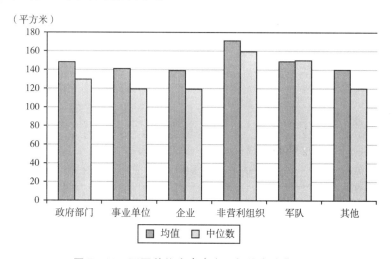

图7-22 不同单位家庭户主理想住房消费面积

如图7-23所示，在军队工作的家庭户主有着最高比例在未来非常不可能或不太可能有投资需求，而在非营利组织工作的家庭户主这个比例最低，非营利组织同时有着最小比例在未来较有可能或非常有可能有住房投资需求。

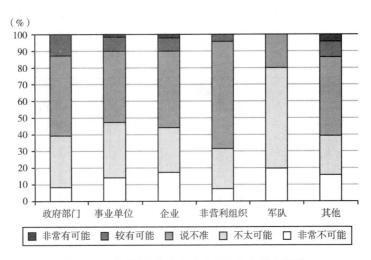

图7－23　不同单位家庭户主未来住房投资需求

如图7－24所示，在政府部门工作的家庭户主有着最高比例在未来一两年非常有可能或较有可能有购房意愿，在企事业单位工作的家庭户主这个比例略低，非营利组织的这个比例更低，而军队的这个比例最低。在不同单位工作的家庭户主有着类似的比例非常不可能或不太可能在未来一两年有购房意愿。

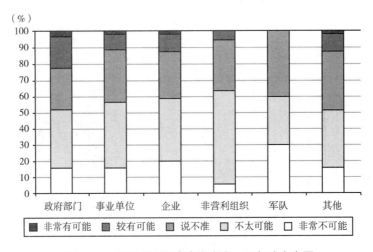

图7－24　不同学历家庭户主未来一两年购房意愿

如图7－25所示，在政府部门工作的家庭户主有着最高比例购房的原因是为投资，在企业工作的家庭户主的比例次之，在事业单位和非营利组织的家庭户主的这个比例再次之，而在军队工作的家庭户主的这个比例最低。在非营利组织工作的家庭户主有着最低比例的购房原因是改善住房条件。

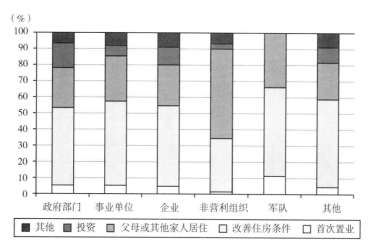

图 7 – 25　不同学历家庭户主未来一两年购房原因

7.5　所在企业性质与未来家庭住房选择

如图 7 – 26 所示，在外商或港澳台独资企业和中外合资企业工作的家庭户主有着最高比例认为现在房价非常高或较高，而在集体或集体控股企业工作的家庭户主的这个比例最低。

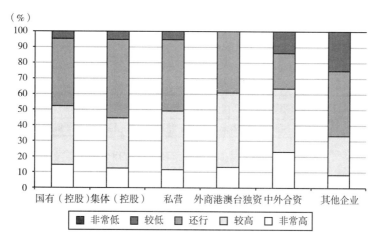

图 7 – 26　在不同性质企业工作的家庭户主对现在房价的评价

如图 7 - 27 所示，在其他类型企业工作的家庭，未来打算卖房的比例最高；其次是在外商或港澳台独资企业工作的家庭，而对于在中外合资企业工作的家庭来说，其未来打算卖房的比例最低。

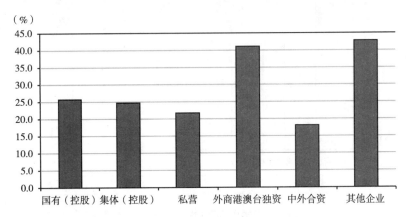

图 7 - 27　在不同性质企业工作的家庭户主未来是否有卖房打算

如图 7 - 28 所示，在外商或港澳台独资企业工作的家庭户主卖房原因是闲置房出售的比例最高，卖房原因是为改善居住条件的比例最低，在中外合资企业工作的家庭户主卖房原因是为投资筹集资金的比例最高。

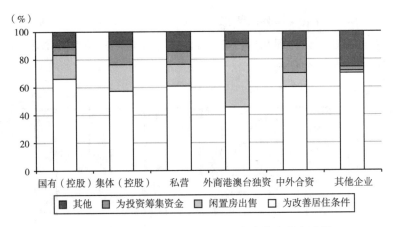

图 7 - 28　在不同性质企业工作的家庭户主卖房原因

如图 7 - 29 所示，家庭户主理想住房消费面积平均值最高的为在中外合资企业工作的家庭户主，次高的为在外商或港澳台独资企业工作的家庭户主。而家庭户主理想住房消费面积中位数最高的为在外商或港澳台独资企业工作的家庭户主。

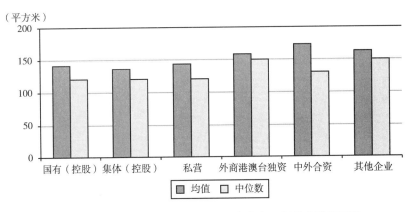

图 7-29 在不同性质企业工作的家庭户主理想住房消费面积

如图 7-30 所示，在中外合资企业工作的家庭户主较有可能或非常有可能在未来有住房投资需求的比例最小，而在外商或港澳台独资企业工作的家庭户主非常不可能或不太可能在未来有住房投资需求的比例最小。

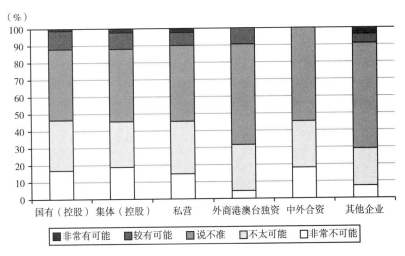

图 7-30 在不同性质企业工作的家庭户主未来住房投资需求

如图 7-31 所示，在中外合资企业工作的家庭户主在未来一两年非常不可能或不太可能有购房意愿的比例最高，而在未来一两年非常有可能或较有可能有购房意愿的比例最低。

如图 7-32 所示，在外商或港澳台独资企业工作的家庭户主在未来一两年购房原因是改善住房条件的比例最大，而在中外合资企业或者私营企业工作的家庭户主这个比例最低，在国有或国有控股企业以及集体或集体控股企业工作

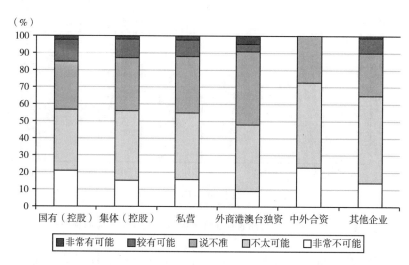

图 7 - 31　在不同性质企业工作的家庭户主未来一两年购房意愿

的家庭户主这个比例适中。在私营企业工作的家庭户主未来一两年购房原因是投资的比例相对最大，在中外合资企业工作的家庭户主这个比例次之。

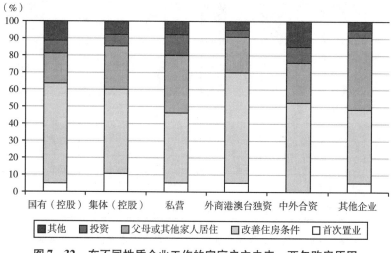

图 7 - 32　在不同性质企业工作的家庭户主未来一两年购房原因

7.6　收入与未来家庭住房选择

　　如图 7 - 33 所示，将近六成的年收入 5 万元以下的家庭认为房价非常高或较高，年收入 5 万元以上的家庭中只有 1/3 持有类似判断，而年收入 10 万元以上的户主中有超过 10% 认为房价较低或非常低，而其他收入水平的家庭户主这一比例不超过 5%。

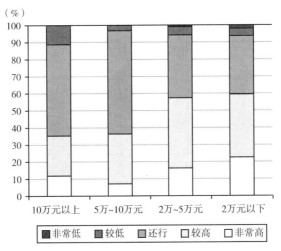

图 7-33　不同收入水平家庭户主对现在房价的评价

如图 7-34 所示，可以看出收入水平越高的家庭户主在未来越可能有卖房的打算，这很可能是因为高收入的家庭户主名下更可能有不止一套房产。

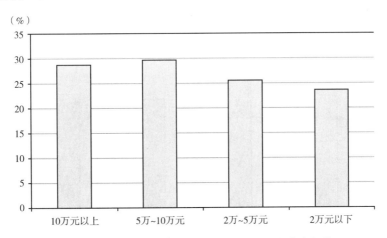

图 7-34　不同收入水平家庭户主未来是否有卖房打算

如图 7-35 所示，可以看出收入水平越低的家庭户主有越大的比例卖房是为了改善居住条件，有越小的比例卖房是为投资筹集资金，有越小的比例卖房是为闲置房出售。

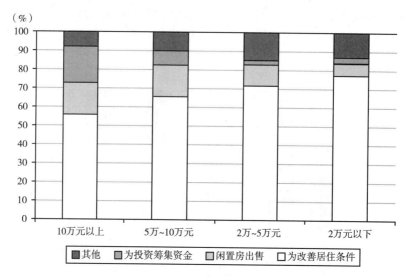

图7-35　不同收入水平家庭户主卖房的原因

如图7-36所示，可以明显看出户主收入越高，户主理想住房面积就越大。

如图7-37所示，收入水平越低的户主有越大比例非常不可能或不太可能在未来一两年内有购房意愿。

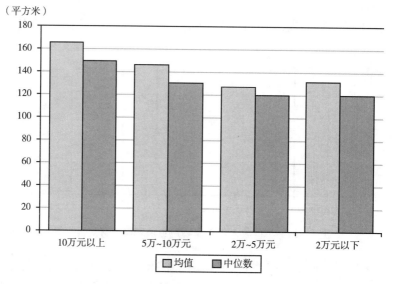

图7-36　不同收入水平家庭户主理想住房消费面积

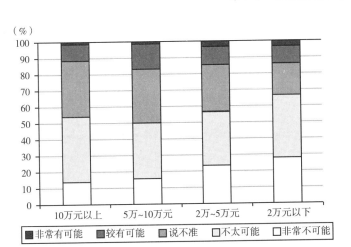

图 7 - 37　不同收入水平家庭户主在未来一两年内购房意愿

7.7　户主所属行业类型与未来家庭住房选择

如图 7 - 38 所示，低收入行业的家庭户主卖房更多是为改善居住条件，而中高收入行业的家庭户主这一比例偏低。低收入行业的家庭户主卖房只有 7% 是因为出售闲置房，远低于中、高收入行业的家庭户主的 16.9% 和 16.6%。另外值得一提的是，高收入行业的家庭户主有 10.3% 是为投资筹集资金，而中、低收入行业的这一比例分别为 7.9% 和 5.5%，远低于前者。

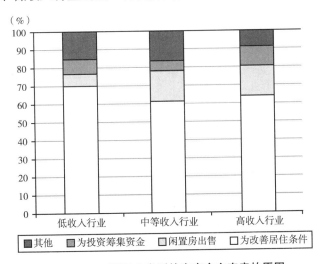

图 7 - 38　不同行业类型的家庭户主卖房的原因

如图 7 - 39 所示，不同行业类型的家庭户主大约有 13% 非常有可能或较有可能在未来一两年内有购房意愿，而大约有 56% 不太可能或非常不可能在未来一两年有购房意愿。中等收入行业的家庭户主有 20.2% 非常不可能在未来一两年有购房意愿，而高、低收入行业的这一比例分别为 16.2% 和 12.2%。

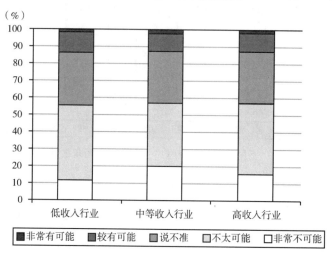

图 7 - 39　不同行业类型的家庭户主在未来一两年内购房意愿

如图 7 - 40 所示，低收入行业的家庭户主仅有 6.2% 在未来一两年购房原因是投资，而中、高收入的家庭户主的这一比例分别为 9.9% 和 9.7%。

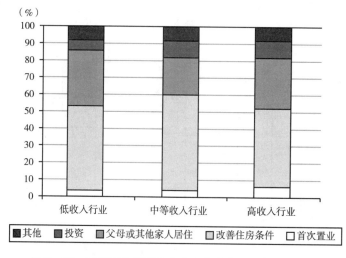

图 7 - 40　不同行业类型的家庭户主未来一两年购房原因

第 8 章

住房调控政策影响

8.1 房地产税收政策调整对城镇居民住房消费行为的影响

现行房地产税收政策调整对城镇居民住房消费行为影响如图 8 - 1 所示。从全国层面来看，有 7.5% 的城镇居民选择在现行的房地产税收政策调整前购买住房；高达 50.20% 的城镇居民认为现有房地产税收政策调整对他们的购房行为没有影响；20.59% 的城镇居民会延迟购房；另有 22.02% 的城镇居民不会购买住房，以应对房地产税收政策的调整。

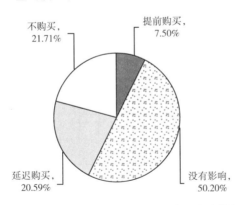

图 8 - 1　房地产税收调整政策对被调查家庭住房消费行为的影响

由表 8 - 1 可知，从全国层面来看，调整现行房地产税收政策，半数以上的城市居民认为不会对其购房行为产生影响，而将选择延迟购买和不购买行为的居民比例分别为 20.59%、22.02%。这表明房地产税收政策调整仍会对一部分家庭的购房决策产生影响。

表 8-1　　　　　　　　　现有房地产税政策调整的影响　　　　　　　单位:%

家庭行为	全国	东	中	西	京津冀
提前购买	7.50	7.85	7.57	6.41	5.68
没有影响	50.20	46.38	47.55	59.22	46.97
延迟购买	20.59	21.74	25.73	15.53	20.52
不购买	22.02	24.04	19.15	18.84	26.83

资料来源: 南开大学 2015 中国城市家庭住房消费调查。

　　从区域层面上来看，现行的房地产税收政策调整对不同地区城镇居民购房行为的影响存在较大差异。由表 8-1 可知，在现有房地产政策的调整下，东部地区有 7.85% 的城镇家庭会选择提前购买住房，高于中、西地区的 7.57% 和 6.41%。大多数城镇家庭居民认为当前房地产税政策对自身购房没有影响，其中西部地区比例最高，达到 59.22%，中部地区次之，比例为 47.55%，东部地区比例为 46.38%。相比较之下，西部地区城市居民更多的认为其购房行为不会受到政策调整的影响；西部地区房价比东、中部要低，房地产税收政策对西部地区房价影响有限，对东、中部房价影响较为明显。在不购房行为方面，对东部地区城市居民的影响高于中、西部地区，而延迟购买方面，对中部地区的城市居民的影响高于东、西部城镇居民。

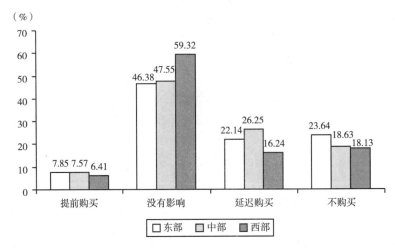

图 8-2　按地区分现行房地产税收调整政策对被调查家庭住房消费行为的影响

　　由图 8-3 可知，现行的房地产税收政策调整，38% 的京津冀城市居民会提前购买住房，远高于全国 7.50% 的平均水平，房地产税收调整对京津冀地区房价影响较为明显；31.08% 的京津冀城市居民认为其购房行为不会受到影响，明显低于全国 50.12% 的平均水平；京津冀城市居民中，延迟购买和不购买行为略低于全国平均水平。

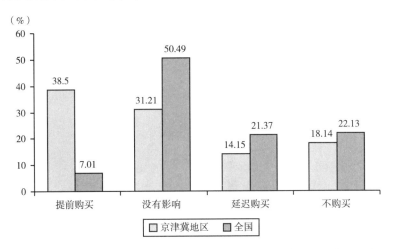

图 8 - 3　按城市群分现行房地产税收调整政策对被调查家庭住房消费行为的影响

由图 8 - 4 可知，现行的房地产税收政策的调整，在三类收入行业家庭中提前购买行为所在比重差别不大，这说明在房地产税收政策调整时，收入行业差别对人们的提前购买住房行为影响不大。此外，在购房行为不受影响方面，低等收入行业家庭要低于高等收入行业家庭和中等收入行业家庭；而在采取延迟购买行为方面，低等收入行业家庭高于高等收入行业家庭和中等收入行业家庭。

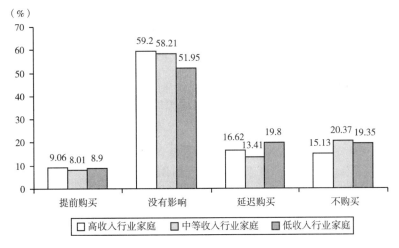

图 8 - 4　按收入类型分现行房地产税收调整政策对被调查家庭住房消费行为的影响

如图8-5所示，对居住在不同类型城市的居民分析可知，在一线城市、二线城市、三线城市、四线城市和五线城市的分类中，当前房地产税收政策调整对居民提前购买住房行为的影响依次增加；在上述五类城市中，该政策调整对城市居民延迟购买住房的影响依次减弱；当不考虑二线城市居民时，在其他类型城市中，对居民购房没有影响的比例依次增加，对居民不购买住房的影响依次减弱。

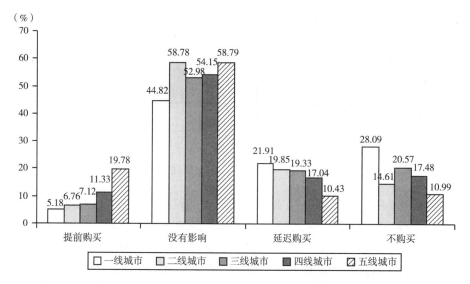

图8-5　按城市类型分现行房地产税收政策对被调查家庭住房消费行为的影响

8.2　征收房地产保有税对城镇居民住房购买行为的影响

图8-6展示了征收房地产保有税对城镇居民住房购买行为的影响。在我们所调查的样本城市中，如果征收房地产保有税，有44.48%的城市居民认为其购房行为不会受到影响；23.30%的城市居民会延迟购房和25.70%的城市居民选择不购房；6.52%的城市居民会选择提前购房。

从区域层面来看，由图8-7可知，征收房地产保有税，西部地区有58.92%的城市居民会选择不购房，中部地区为35.82%，东部地区不购买住房城镇居民比例为46.18%。延迟购房方面，有53.77%的中部地区城市居民选择延迟购房，东、西部城市居民比例分别为38.75%和33.37%。东部地区

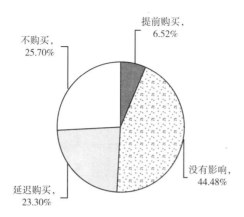

图 8 - 6 征收房地产保有税对被调查家庭住房消费行为的影响

城市居民在提前购房的概率方面高于中部和西部地区的城市居民，分别为
13.74%、10.11% 和 7.53%。

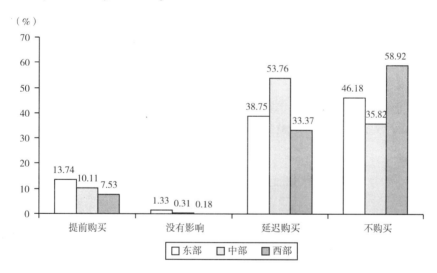

图 8 - 7 按地区分征保有税对被调查家庭住房消费行为的影响

图 8 - 8 统计了征收房地产保有税对全国与京津冀地区城镇居民住房行为
的影响，其中有 15.42% 的京津冀城镇家庭居民选择提前购房，高出全国平
均水平 2 个百分点。有 45.24% 的城镇居民认为房地产保有税不会有影响，
比全国低约十个百分点。延迟购买住房和不购买住房的比例分别为 34.84%
和 52.94%，高于全国平均水平。总体上来看，京津冀地区城镇居民认为住
房保有税带来的影响是负面的，约 56% 的城镇居民选择改变其购房的预期。

与此同时，大量的城镇居民选择观望态度，观察住房保有税实施效果进而做出决策。

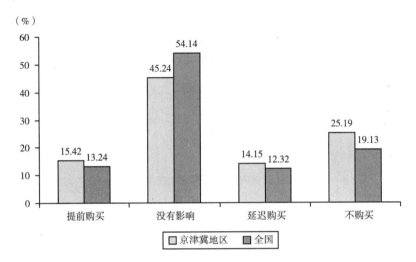

图 8-8　按城市群分征保有税对被调查家庭住房消费行为的影响

由图 8-9 可知，总体上，征收保有税对不同收入类型的城镇居民购房行为的影响变化不大。对于处于低等收入行业的居民来说，认为其购房行为不受影响或采取延迟购房的比例略低于高等收入行业和中等收入行业，而将采取不购买行为的低等收入行业城镇居民低于其他类型城市居民。

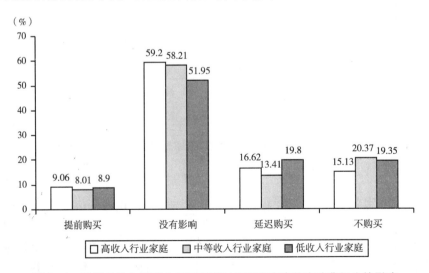

图 8-9　按行业收入类型分征保有税对被调查家庭住房消费行为的影响

由图 8-10 可知，征收保有税时，生活在五线城市的城镇居民选择提前购买住房的比例高于其他类型城市；而对于延迟购买住房行为，二线城市的城市居民所占比例最高；对于不购买住房行为，一线城市城镇居民大致是五线城市的城镇居民的 3 倍。

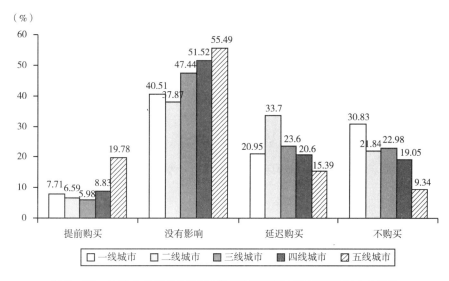

图 8-10　按城市类型分征保有税对被调查家庭住房消费行为的影响

8.3　限制城市居民购房的政策分析

由图 8-11 可知，限制我国城镇居民购房的因素中，其中商业贷款受限（首付比例、贷款利率、贷款额度）占比为 28.64%，这说明金融约束仍然强烈影响我国城镇居民的购房行为。18.26% 的城市居民认为户籍、住房面积、套数等限购政策限制了其购房行为；11.99% 的城市居民认为公积金贷款受限；41.97% 的城市居民在其他方面受限。

图 8-12 是东、中、西部地区限制城镇居民购房影响因素的差异比较。东部地区城市居民在户籍、住房面积、套数等限购方面和首付比例、贷款利率、贷款额度等商业贷款限制方面高于中部地区和西部地区。其中东部地区受限购（户籍、住房面积、套数等）政策影响城镇居民比例占 21.12%，分别比中、西部高出 7.7 个百分点和 2.3 个百分点。受到商业贷款（首付比例、贷款利率、贷款额度）限制的东部地区居民占比高达 30.23%；西部地区城

市居民公积金贷款受限的程度比中部和东部地区大。

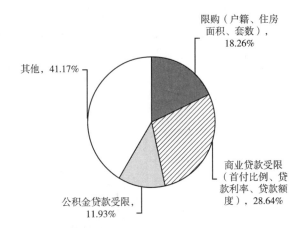

图 8－11　限制被调查家庭住房消费行为的主要调控政策

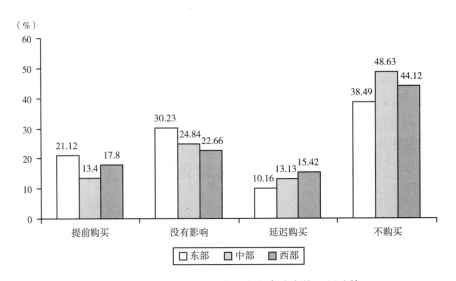

图 8－12　按地区分影响被调查家庭购房的限制政策

图 8－13 对限制京津冀地区城镇居民购房的政策进行了比较分析。该图显示，京津冀地区被调家庭认为，户籍、住房面积、套数等限购政策及首付比例、贷款利率、贷款额度等贷款限制政策对其购房行为影响较大，持此种观点的家庭所占比例要高于全国平均水平，分别高出全国平均水平2.5%和6%；在公积金贷款约束方面京津冀地区和全国平均水平基本持平；其他受限方面低于全国平均水平。

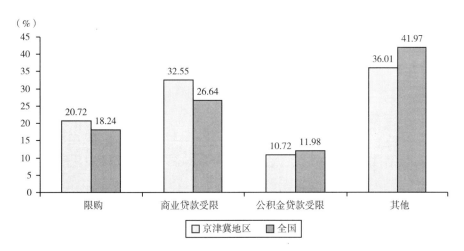

图 8 - 13 按城市群分别影响被调查家庭购房的限制政策

分析不同限制购房政策可知，导致商业贷款受限的住房限制政策对城镇居民购房行为的影响最大，且对处于高等收入行业和中等收入行业的城镇居民影响更大；限购和公积金贷款受限方面的政策对城镇居民影响略低，行业收入差别不大。

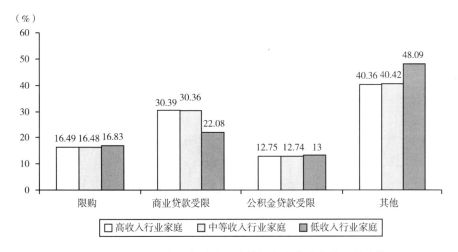

图 8 - 14 按行业收入类型分影响被调查家庭购房的限制政策

由图 8 - 15 可知，不同类型的限制购房政策中，首先，商业贷款受限是影响居民购房的主要政策因素，但对二线城市城镇居民的影响最大；其次，限购政策影响城镇居民购房行为；公积金贷款受限一定程度上影响居民购房行为，且对三线城市居民的影响更大。

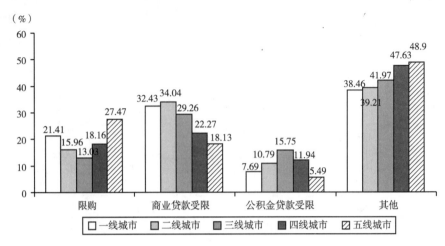

图 8 – 15　按城市类型分影响被调查家庭购房的限制政策

8.4　取消住房限购，对城镇居民住房购买行为的影响

取消住房限购对城镇居民购房影响如图 8 – 16 所示，55.08% 的城市居民认为其购房行为不会受到影响，这表明，现行的住房限购政策对超过半数的城市居民住房影响有限。13.00% 的城镇居民会选择提前购买住房；7.54% 和 23.22% 的居民将会延迟购买或不购买住房。总体上来说，取消限购对城镇居民购房行为影响有限，但一定程度上会改变居民行为结构。

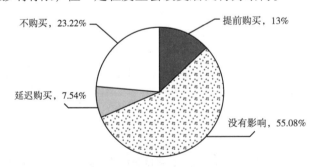

图 8 – 16　取消住房限购对全国范围内被调查家庭购房行为的影响

图 8 – 17 数据显示，取消住房限购对东、中、西部地区城市居民购买住房行为影响有限，其中没有影响的比例分别占到 50.19% 、61.14% 和 61.80% 。从其对城镇居民住房行为结构的影响来看，东部地区不购买住房的比例占

29%，分别比中西部地区高出 14 个百分点和 8 个百分点。延迟购买住房的比例
占 6.40% 和 14.41%。分别低于中、西部地区 3 个百分点和 2 个百分点。

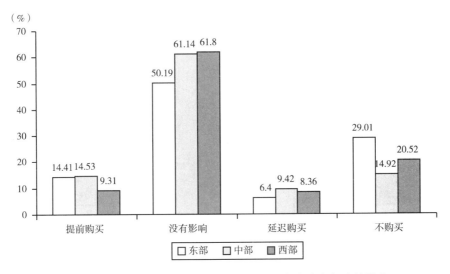

图 8-17　按地区分取消住房限购对被调查家庭购房行为的影响

从图 8-18 可知，取消住房限制，对京津冀地区城市居民购房行为的影
响与全国平均水平差别较小。如果取消住房限制，27.96% 的京津冀城市居民
会选择不购房，高于全国 23.22% 的平均水平；在提前购买、没有影响和延
迟购买行为上，京津冀城市居民略低于全国平均水平。

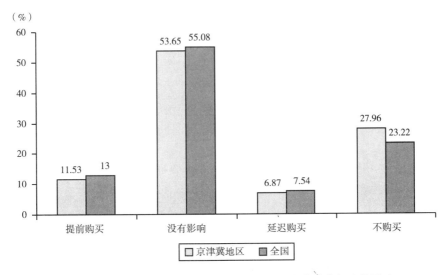

图 8-18　按城市群分取消住房限购对被调查家庭购房行为的影响

由图 8-19 可知，取消住房限购政策，对城镇居民住房购买行为没有影响的占比达到 60% 以上，相比较之下，处于低收入行业的城镇居民延迟购买和不购买住房的行为高于高等收入行业和中等收入行业的城市居民。

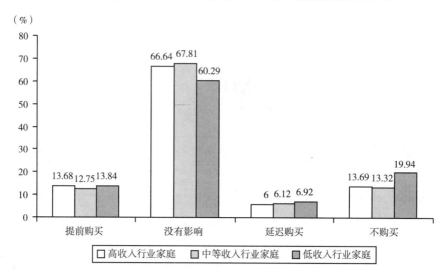

图 8-19 按行业收入类型分取消住房限购对被调查家庭购房行为的影响

在分析取消住房限购政策的影响时，由图 8-20 可知，相比较其他城市，一线城市的城镇居民更偏向不购买住房，二线城市居民的购房行为不受影响的程度最大。

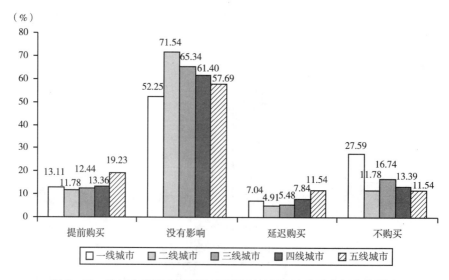

图 8-20 按城市类型分取消住房限购对被调查家庭购房行为的影响

8.5　取消住房限购、限贷政策对城镇居民住房购买行为的影响

图 8 - 21 数据显示，如果取消住房限购、限贷政策，54.14% 的城市居民认为限贷政策不会影响其购房行为；13.24% 的居民会提前购买住房；12.32% 和 19.13% 的居民将会延迟购买或不购买住房。

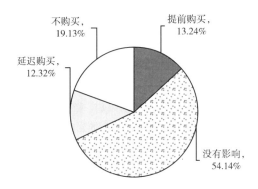

图 8 - 21　取消住房限购、限贷政策对被调查家庭住房消费行为的影响

取消住房限购、限贷政策区域影响差异比较如图 8 - 22 所示，如果取消住房限购、限贷政策对东部地区城镇居民提前购买行为和不购买行为的影响大于中部和西部地区；对西部地区城镇居民没有影响的比例高达 63.20%，高于东部的 49.08% 和中部地区的 57.71%；在延迟购买行为方面，对中部地区城市居民的影响高于对东部和西部城市居民的影响。上述数据表明在住房价格居高不下的情况下，取消住房限购、限贷政策对城镇居民住房需求弹性影响有限，但会对城镇居民住房行为结构产生影响。

取消住房限购、限贷政策对京津冀地区城镇居民购房行为的影响约高于全国平均水平。由图 8 - 23 可知，在取消住房限购、限贷政策下，25.19% 的京津冀城市居民会选择不购房行为，高于全国 19.13% 的平均水平。在提前购买、认为对其购房没有影响和延迟购买行为方面，京津冀城市居民略低于全国平均水平。

从图 8 - 24 可知，取消住房限购，超过 50% 的城镇居民认为限贷政策不影响其购房行为；低收入家庭采取提前购买行为的概率低于其他收入类型家庭，而其采取不购买行为的概率则高于其他类型家庭。

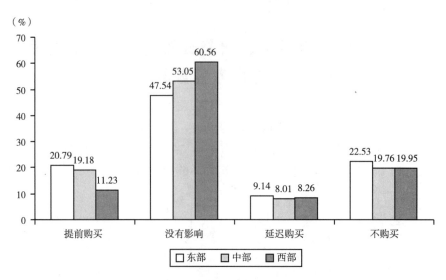

图 8 - 22　按地区分取消住房限购、限贷政策对被调查
家庭住房消费行为的影响

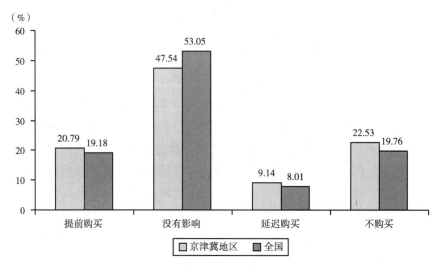

图 8 - 23　按城市群分取消住房限购、限贷政策对被调查
家庭住房消费行为的影响

由图 8 - 25 可知，对城市类型进行分析时，与其他城市相比，取消住房限购、限贷政策下，二线城市的城镇居民将会更多地提前购买住房；而一线城市的城镇居民更多地采取不购买住房行为。

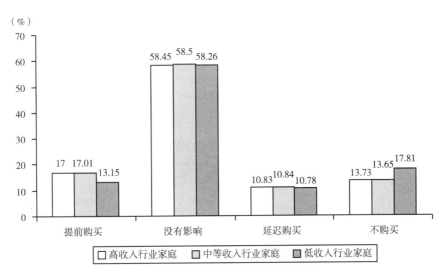

图 8 - 24　按行业收入类型分取消住房限购、限贷政策对被调查
家庭住房消费行为的影响

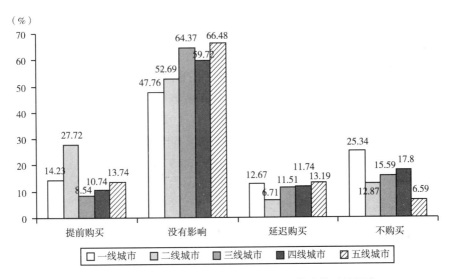

图 8 - 25　按城市类型分取消住房限购、限贷政策对被调查
家庭住房消费行为的影响

8.6 取消限购对城镇居民购买住房目的的影响分析

由图 8 - 26 可知，在取消限购的情况下，改善性住房仍然是城镇居民购买住房的主要目的，占 46.71%。27.01% 的城镇居民购买住房的目的是父母或其他家人居住，投资和其他目的的占比分别为 12.14% 和 12.98%。取消限购在一定程度上可以释放改善性需求，促进住房市场健康发展。

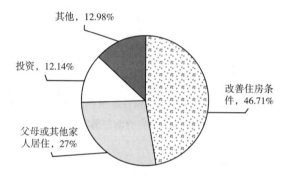

图 8 - 26 取消限购对被调查家庭购买住房目的的影响

图 8 - 27 数据显示，在取消限购的情况下，近五成的城镇居民购房是为了改善住房条件，东、中、西部地区改善住房条件的占比分别为 46.77%、47.49% 和 47.52%；购买住房用于父母或其他家人居住的，东、中、西部地区比例分别为 28.92%、27.42%、24.46%；购买住房作为投资的，中部地区最高，占比为 14.84%，东部地区占比为 11.77%，西部地区则为 10.57%。

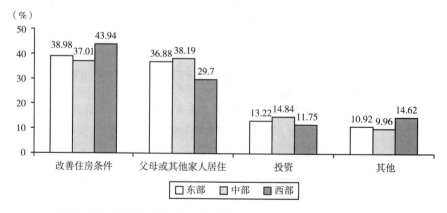

图 8 - 27 按地区分取消限购对被调查家庭购买住房目的的影响

　　由图 8 - 28 可知，取消限购后，京津冀地区城镇居民选择改善住房条件和与父母或其他家人居住为目的的比例略高于全国平均水平，京津冀地区其他目的的购房行为 11.60% 的比例略低于 12.98% 的全国平均水平，以投资为目的的购房行为和全国平均水平几乎持平。

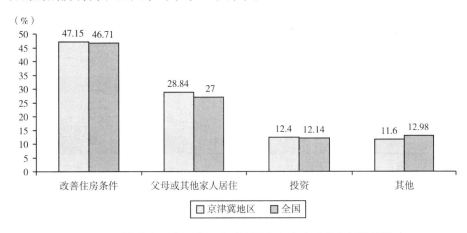

图 8 - 28　按城市群分取消限购对被调查家庭购买住房目的的影响

　　由图 8 - 29 可知，在取消限购下，分析不同收入的城镇居民购买住房的主要目的可知，由于收入的限制，处于低收入行业的城镇居民比其他居民更多的意图在于改善居住条件，为父母或其他家人居住、投资以及为其他的目的，与其他居民相比略小。

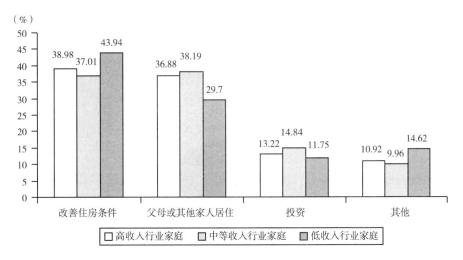

图 8 - 29　按行业收入类型分取消限购对被调查家庭购买住房目的的影响

　　分析图8-30可知，取消住房限购下，一线城市和五线城市的城镇居民改善住房条件的目的较为强烈，而为父母或其他家人居住的目的较弱；相比较其他城市，五线城市城镇居民的投资意图更为强烈。

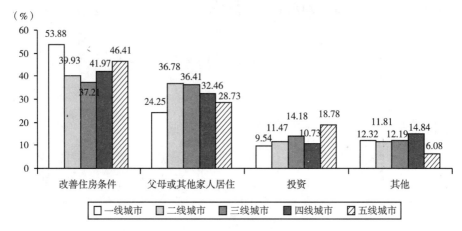

图8-30　按城市群分取消限购对被调查家庭购买住房目的的影响

8.7　限贷政策放松对城镇居民住房购买行为的影响分析

　　图8-31是限贷政策放松对城镇居民购房行为影响统计，其中有53.05%的城市居民认为限贷政策放松后，其购房行为不会受到影响。20.55%的城镇居民会提前购买住房；7.37%和17.86%的居民将会延迟购买或不购买住房。

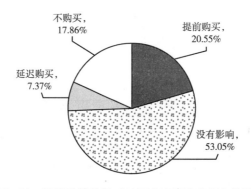

图8-31　限贷政策放松对被调查家庭购房行为的影响

图 8-32 的数据统计显示，限贷政策放松，对西部地区城市居民购房行为没有影响的比例为 60.56%，高于对东部地区的 49.44% 和中部地区的 54.38%；西部地区城市居民延迟购房比例和不购房的比例低于中、东部地区；对于城镇居民提前购买住房比例，东部地区和中部地区比较接近，均高于西部地区。

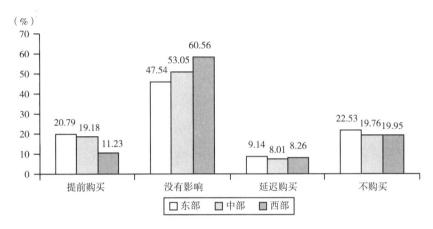

图 8-32　按地区分限贷政策放松对被调查家庭购房行为的影响

图 8-33 显示放松限贷政策对京津冀地区城镇居民购房行为的影响，其中 47.54% 的京津冀地区城市居民认为对其购房行为没有影响，低于全国53.05% 的平均水平；延迟购买和不购买住房比例为 9.14% 和 22.53%，高于全国平均水平。

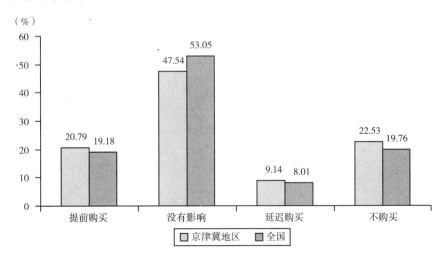

图 8-33　按城市群分限贷政策放松对被调查家庭购房行为的影响

由图 8-34 可知，分析不同收入行业时，放松限贷政策对各城镇居民的提前购买和延迟购买行为影响程度差别不大，与其他居民相比，限贷政策放松对处于低收入行业的城镇居民产生不购买行为的影响较大，而没有影响的比重略低。

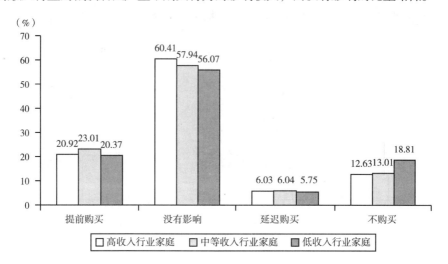

图 8-34　按行业收入类型分限贷政策放松对被调查家庭购房行为的影响

由图 8-35 可知，比较不同的城市类型，限贷政策放松时，对一线城市的城镇居民影响更大。与其他城市相比，限贷政策放松时，北京、天津、深圳的城镇居民更多地会延迟购买住房，或者不购买住房；而二线城市的城镇居民提前购买行为和延迟购买行为都略低。

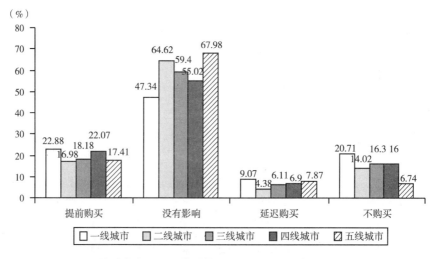

图 8-35　按城市类型分限贷政策放松对被调查家庭购房行为的影响

8.8 城市居民最希望房贷松绑类型分析

由图8-36可知，城镇居民最希望松绑房贷类型中，降低贷款利率是城镇居民最希望松绑的类型，有39.17%的城镇居民认为利率偏高，希望能够降低贷款利率；22.32%的城镇居民最希望下调二套首付比例，9.61%的居民最希望提高贷款额度，另外8.93%的居民希望放开三套房贷，其他方面松绑房贷的比例占18.81%。

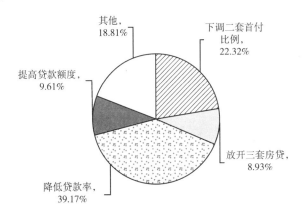

图8-36 被调查家庭最希望松绑的房贷类型

图8-37数据统计显示，有高达45.23%的西部地区城市居民认为降低贷款利率是首要选择，分别高出东部地区5个百分点和中部地区约10个百分点；有13.45%的中部地区城市居民希望提高贷款额度，高出东部地区3个百分点，高出西部地区8个百分点。有22.52%的中部地区城市居民希望下调二套首付比例和9.01%的西部地区城市居民希望放开三套房房贷，略高于东部地区和西部地区。

由图8-38可知，京津冀地区城市居民最希望松绑的房贷类型中，降低贷款利率高居首位，有41.66%的城镇居民认为降低贷款利率更有利于购买住房，其次是下降二套房首付比例，占到23%。这说明京津冀地区城镇居民对改善型住房金融需求仍然很强烈。总体上来说，京津冀地区城镇居民对住房金融的需求高于全国平均水平。其可能的原因是，该地区房价水平较高，导致居民购买住房对金融的依赖性较为强烈。

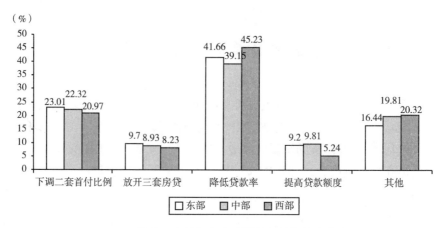

图 8 – 37　按地区分被调查家庭最希望松绑的房贷类型

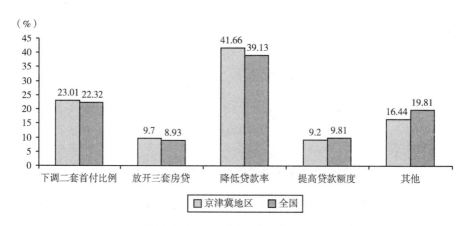

图 8 – 38　按城市群分被调查家庭最希望松绑的房贷类型

从图 8 – 39 可知，在不同收入城镇家庭最希望松绑的房贷类型中，首先，所有收入类型家庭最希望松绑的放贷类型是降低贷款利率。与其他收入类型家庭相比，低收入家庭最希望下调二套房首付比例和提高贷款额度；中等收入和高等收入家庭希望松绑的房贷类型差别不大。

如图 8 – 40 所示，对不同城市类型进行比较可知，安顺、庆阳等五线城市城镇居民比其他类型城市居民更多地希望下调二套房首付比例和放开三套房贷；二线城市居民则更多地希望能够降低贷款利率。与其他城市相比，房价最贵的一线城市城镇居民最希望松绑的房贷类型较为均衡。

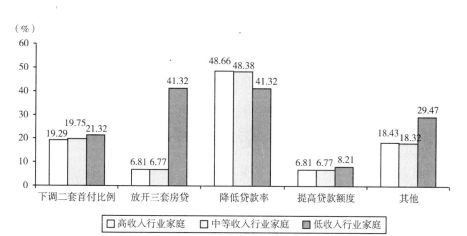

图 8－39 按行业收入类型分被调查家庭最希望松绑的房贷类型

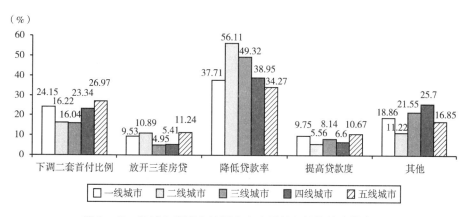

图 8－40 按城市类型分被调查家庭最希望松绑的房贷类型

第 9 章

住房消费景气调查

根据2015年的中国城市家庭住房消费报告的数据，全国城市家庭中，认为当前住房支付能力提高或大幅提高的占41.92%，而认为未来住房支付能力提高或大幅提高的占43.17%。另一方面，认为当前适合购买住房的仅占23.16%。这说明，仍有较大比例的城市家庭需要进一步提升住房支付能力，其对住房消费景气水平将带来较大负面影响。

9.1 现期住房支付能力评价

根据2015年的中国城市家庭住房消费报告的数据，如图9-1所示，全国48.02%的城市家庭认为现期住房支付能力没有变化，认为住房支付能力有所提高的城市家庭比例为36.99%，而认为住房支付能力大幅提高的城市家庭比例仅为4.93%，认为住房支付能力下降的城市家庭比例为10.06%。可见，2015年上半年我国城市家庭的住房支付能力保持稳定，并没有大幅提高。

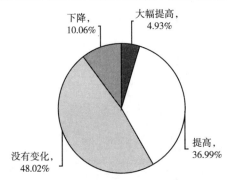

图9-1 被调查家庭对现期住房支付能力评价

9.1.1 按地区分布划分

根据2015年的中国城市家庭住房消费报告的数据显示，东部、中部、西部地区城市家庭对住房支付能力变化程度的感知与全国水平相差不大，但是东部、西部地区对住房支付能力变化的评价要好于中部地区。如图9-2所示，东部地区城市家庭和其他地区相比认为住房支付能力大幅提高的比例较高，为5.36%；认为住房支付能力提高的城市家庭比例较高地区为中部地区，为38.49%；认为住房支付能力没有变化的比例较高为西部地区，为49.07%；而认为住房支付能力下降的城市家庭比例较高的为中部地区，为12.28%，可见中部地区的城市家庭对2015年上半年的住房支付能力的评价相对其他两个地区更不乐观。

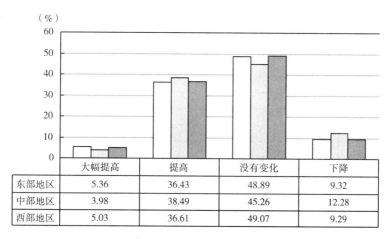

（%）	大幅提高	提高	没有变化	下降
东部地区	5.36	36.43	48.89	9.32
中部地区	3.98	38.49	45.26	12.28
西部地区	5.03	36.61	49.07	9.29

□东部地区 □中部地区 ■西部地区

图9-2 按地区分布分被调查家庭对现期住房支付能力评价

9.1.2 按城市类型划分

根据2015年的中国城市家庭住房消费报告的数据显示，随着城市承载力水平的提高，城市家庭认为现期住房支付能力大幅提高或提高的比例，大体呈现增加趋势。如图9-3所示，一线城市有36.67%的城市家庭认为现期住房支付能力大幅提高或提高，准一线城市中有37.44%的城市家庭认为现期住房支付能力大幅提高或提高，二线城市有 39.16% 的城市家庭认为现期住房支付能力大幅提高或提高，三线城市有 48.06% 的城市家庭认为现期住房支付能力大幅提高或提高，四线城市有 47.94% 的城市家庭认为现期住房支付能力大幅提高或提高，五线城市有 62.79% 的城市家庭认为现期住房支付能力大幅提高或提高。

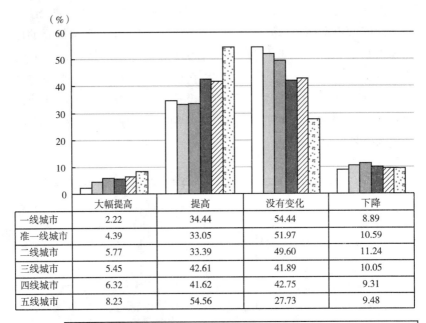

	大幅提高	提高	没有变化	下降
一线城市	2.22	34.44	54.44	8.89
准一线城市	4.39	33.05	51.97	10.59
二线城市	5.77	33.39	49.60	11.24
三线城市	5.45	42.61	41.89	10.05
四线城市	6.32	41.62	42.75	9.31
五线城市	8.23	54.56	27.73	9.48

□ 一线城市　■ 准一线城市　■ 二线城市　■ 三线城市　▨ 四线城市　▨ 五线城市

图 9 - 3　按城市类型分被调查家庭对现期住房支付能力评价

9.1.3　按城市群划分

根据 2015 年的中国城市家庭住房消费报告的数据显示，2015 年上半年京津冀地区城市家庭相较于其他城市家庭认为住房支付能力变化程度较低。图 9 - 4 数据显示，53.83% 的京津冀地区城市家庭认为住房支付能力没有变化，高于其他城市；而认为住房支付能力提高的京津冀地区城市家庭的比例为 32.22%，低于其他城市。

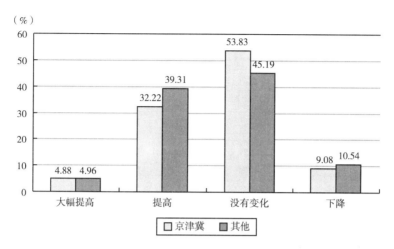

图9-4 按城市群分被调查家庭对现期住房支付能力评价

9.1.4 按行业划分

根据2015年的中国城市家庭住房消费报告的数据，我们发现：对现期住房支付能力评价方面，农、林、牧、渔业，水利、环境和公共设施管理业，国际组织，住宿和餐饮业这4个行业相对比较乐观，其他17个行业则比较悲观，见表9-1。

表9-1　　　　　　按行业划分现期住房支付能力评价（赋权后）

行　　业	现期住房支付能力评价值
农、林、牧、渔业	2.180435645
水利、环境和公共设施管理业	2.184827122
国际组织	2.348808864
住宿和餐饮业	2.455767958
房地产业	2.507051512
金融业	2.526435168
批发和零售业	2.567901771
卫生、社会保障和福利业	2.599806134
其他	2.603716245
租赁和商务服务业	2.615808638
电力、煤气及水的生产和供应业	2.633828469

行　　业	现期住房支付能力评价值
建筑业	2.646873143
信息传输、计算机服务和软件业	2.651560213
科学研究、技术服务和地质勘查业	2.680883724
教育业	2.703988311
文化、体育和娱乐业	2.704008939
居民服务和其他服务业	2.712255454
交通运输、仓储及邮政业	2.736363553
制造业	2.744370404
公共管理和社会组织	2.835999677
采矿业	3.192737866

注：1 为最乐观，4 为最悲观，平均值为 2.5。

9.2　未来住房支付能力预期

根据 2015 年的中国城市家庭住房消费报告的数据，如图 9-5 所示，全国 47.42% 的城市家庭预期未来住房支付能力基本没有变化，38.58% 城市家庭预期未来住房支付能力提高，4.60% 城市家庭预期未来住房支付能力大幅提高，而认为住房支付能力下降的城市家庭比例为 9.40%。可见，我国城市家庭基本上对未来的住房支付能力保持乐观态度。

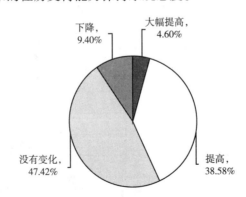

图 9-5　被调查家庭对未来住房支付能力预期情况

9.2.1 按地区分布划分

图9-6数据显示，东部和西部地区城市家庭对未来住房支付能力变化情况的预期相对于中部地区城市家庭较为乐观。东部地区城市家庭和其他地区相比预期未来住房支付能力大幅提高的比例较高，为5.13%；此外，东部地区城市家庭预期未来住房支付能力基本不变的比例也相对较高，为49.42%；而西部地区城市家庭和其他地区相比预期未来住房支付能力提高的比例较高，为41.76%；认为住房支付能力下降的城市家庭比例较高的为中部地区，为12.57%。但是从总体的水平来看，东部、中部、西部地区城市家庭对未来住房支付能力的预期和全国水平相差不大。

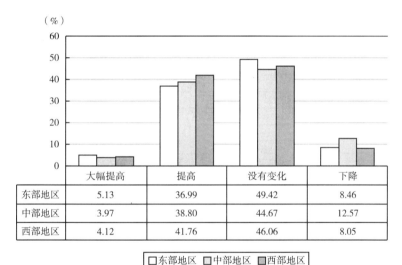

	大幅提高	提高	没有变化	下降
东部地区	5.13	36.99	49.42	8.46
中部地区	3.97	38.80	44.67	12.57
西部地区	4.12	41.76	46.06	8.05

□东部地区 □中部地区 ■西部地区

图9-6 按地区分被调查家庭对未来住房支付能力预期比较情况

9.2.2 按城市类型划分

根据2015年的中国城市家庭住房消费报告的数据显示，随着城市承载力水平的提高，城市家庭认为未来住房支付能力大幅提高或提高的比例，大体呈现增加趋势。如图9-7所示，一线城市有36.26%的城市家庭认为现期住房支付能力大幅提高或提高，准一线城市中有41.22%的城市家庭认为现期住房支付能力大幅提高或提高，二线城市有43.48%的城市家庭认为现期住房支付能力大幅提高或提高，三线城市有46.65%的城市家庭认为现期住房支付能力大幅提高或提高，四线城市有47.72%的城市家庭认为现期住房支付能力大幅提高或提高，五线城市有48.99%的城市家庭认为现期住房支付能力大幅提高或提高。

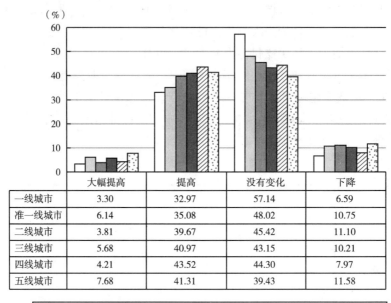

	大幅提高	提高	没有变化	下降
一线城市	3.30	32.97	57.14	6.59
准一线城市	6.14	35.08	48.02	10.75
二线城市	3.81	39.67	45.42	11.10
三线城市	5.68	40.97	43.15	10.21
四线城市	4.21	43.52	44.30	7.97
五线城市	7.68	41.31	39.43	11.58

□一线城市　■准一线城市　■二线城市　■三线城市　▨四线城市　▥五线城市

图9-7　按城市类型分被调查家庭对未来住房支付能力预期比较

9.2.3　按城市群划分

根据图9-8显示，京津冀地区城市家庭相比于其他城市家庭认为未来住房支付能力更可能会保持不变。其中，53.88%的京津冀地区城市家庭预期未来住房支付能力基本不变，比其他城市高；而预期未来住房支付能力提高的京津冀地区城市家庭的比例为34.50%，比其他城市低。此外，京津冀地区城市家庭预期未来住房支付能力大幅提高的比例与其他城市基本相同，而预期未来住房支付能力下降的比例低于其他城市。

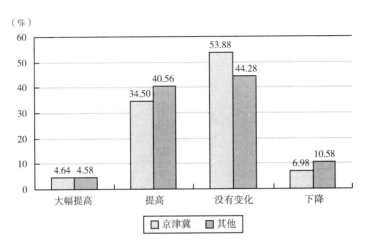

图 9 – 8　按城市群分被调查家庭对未来住房支付能力预期比较情况

9.2.4　按行业划分

根据 2015 年的中国城市家庭住房消费报告的数据，我们发现：对未来住房支付能力预期评价方面，文化、体育和娱乐业，农、林、牧、渔业，住宿和餐饮业这 3 个行业相对比较乐观，其他 18 个行业则比较悲观，见表 9 – 2。

表 9 – 2　　　　按行业划分未来住房支付能力预期评价（赋权后）

行　　业	未来住房支付能力预期评价值
文化、体育和娱乐业	2.41
农、林、牧、渔业	2.45
住宿和餐饮业	2.47
租赁和商务服务业	2.51
房地产业	2.53
国际组织	2.53
教育业	2.57
信息传输、计算机服务和软件业	2.57
居民服务和其他服务业	2.57
金融业	2.58
批发和零售业	2.61

续表

行　业	未来住房支付能力预期评价值
水利、环境和公共设施管理业	2.64
电力、煤气及水的生产和供应业	2.64
其他	2.64
建筑业	2.65
交通运输、仓储及邮政业	2.68
卫生、社会保障和福利业	2.69
科学研究、技术服务和地质勘查业	2.74
制造业	2.79
公共管理和社会组织	2.83
采矿业	3.08

注：1 为最乐观，4 为最悲观，平均值为 2.5。

9.3　当前住房市场评价

　　根据 2015 年的中国城市家庭住房消费报告的数据显示，如图 9－9 所示，全国 64.10% 的城市家庭预期认为当前购房时机不太好，12.74% 城市家庭认为当前购房时机很不好，几乎 4/5 的城市家庭认为当前购房时机并不合适；而对当前购房时机看好的城市家庭总比例仅为 23.16%。可见，我国城市家庭对当前的住房市场基本上会保持观望态度，购买欲望并不是很大。

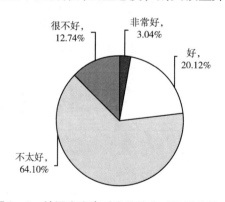

图 9－9　被调查家庭对当前购房时机评价情况

9.3.1　按地区分布划分

根据2015年的中国城市家庭住房消费报告的数据显示，东部地区城市家庭相对于中部和西部地区城市家庭对当前住房市场的购房时机更加不看好。图9–10显示，东部地区城市家庭不看好当前购房时机的总比例为80.92%，其次为中部地区比例为74.35%，最低的西部地区为70.71%，而中部和西部地区相对于全国水平来看对当前住房市场的购房时机还是比较乐观的。

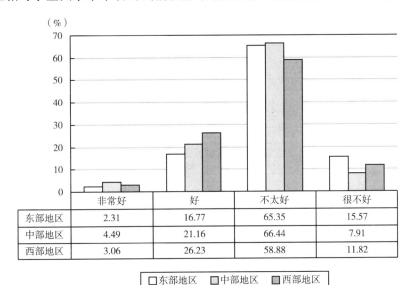

	非常好	好	不太好	很不好
东部地区	2.31	16.77	65.35	15.57
中部地区	4.49	21.16	66.44	7.91
西部地区	3.06	26.23	58.88	11.82

□东部地区　□中部地区　■西部地区

图 9–10　按地区分被调查家庭对当前购房时机评价比较

9.3.2　按城市类型划分

根据2015年的中国城市家庭住房消费报告的数据显示，如图9–11所示，一线城市中有10.99%的城市家庭认为当前适合购买住房，准一线城市中有21.39%的城市家庭认为当前适合购买住房，二线城市中有27.13%的城市家庭认为当前适合购买住房，三线城市中有25.37%的城市家庭认为当前适合购买住房，四线城市中有28.38%的城市家庭认为当前适合购买住房，五线城市中有41.65%的城市家庭认为当前适合购买住房。大体上呈现的规律为：一是承载力水平越高的城市家庭，越认为当前不适合购买住房；二是六类城市中，认为当前适合购买住房的城市家庭，均不超过50%。

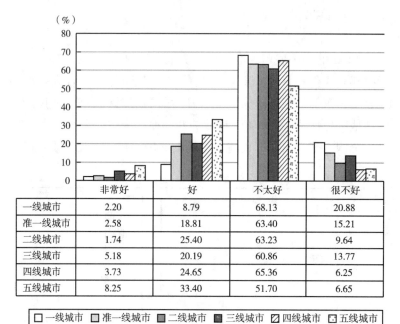

	非常好	好	不太好	很不好
一线城市	2.20	8.79	68.13	20.88
准一线城市	2.58	18.81	63.40	15.21
二线城市	1.74	25.40	63.23	9.64
三线城市	5.18	20.19	60.86	13.77
四线城市	3.73	24.65	65.36	6.25
五线城市	8.25	33.40	51.70	6.65

□一线城市　▨准一线城市　▨二线城市　■三线城市　▨四线城市　▨五线城市

图9－11　按城市类型分被调查家庭对当前购房时机评价比较

9.3.3　按城市群划分

根据图9-12的数据显示，京津冀地区城市家庭相对于其他城市家庭更加不看好当前住房市场的购房时机。其中，京津冀地区城市家庭认为当前购房时机不太好的比例为66.87%，认为很不好的为16.98%，总体上不看好当前购房时机的总比例为83.86%，比其他城市高。可见京津冀地区的城市家庭在当前的住房市场更加不愿购买住房。

9.3.4　按行业划分

根据2015年的中国城市家庭住房消费报告的数据，我们发现：在对当前住房市场评价方面，所有21个行业均表现为悲观，见表9-3。

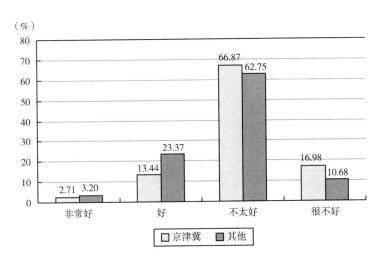

图 9 – 12　按城市群分被调查家庭对当前购房时机比较

表 9 – 3　　　　　　　　按行业划分当前住房市场评价（赋权后）

行　业	当前住房市场评价值
水利、环境和公共设施管理业	2.63
文化、体育和娱乐业	2.68
住宿和餐饮业	2.77
建筑业	2.78
教育业	2.78
采矿业	2.78
其他	2.82
卫生、社会保障和福利业	2.85
制造业	2.86
居民服务和其他服务业	2.86
科学研究、技术服务和地质勘查业	2.89
房地产业	2.91
金融业	2.92
交通运输、仓储及邮政业	2.93
公共管理和社会组织	2.94
租赁和商务服务业	2.95

续表

行　业	当前住房市场评价值
信息传输、计算机服务和软件业	2.97
农、林、牧、渔业	2.97
电力、煤气及水的生产和供应业	2.98
批发和零售业	2.99
国际组织	3.43

注：1 为最乐观，4 为最悲观，平均值为2.5。

附录

住房搜寻行为

如图 1 所示，全国 27.8% 的城镇居民现居住住房不是首次购买的住房，而五个级别的城市的这个比例随着城市级别降低而降低（五线城市除外），京津冀地区的这个比例显著大于非京津冀地区。

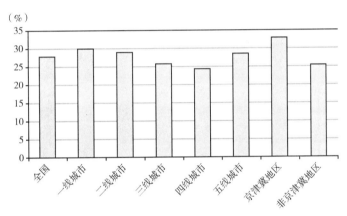

图1 被调查家庭现居住住房不是首次购买住房的比例

城市居民购买住房时面临的时间压力大小与多方面因素有关，包括居民的时间成本、所在城市房屋租赁市场的便利性、房价的涨速等。如图 2 所示，全国 45.5% 的城镇居民在购买现居住住房时面临时间压力。

如图 3 所示，全国城镇居民购买现居住住房所用的平均搜寻时间为 84.9 天。而一线城市的居民平均搜寻时间远高于其他各线城市，为 115.1 天，五线城市的居民平均搜寻时间最短，为 46.0 天。京津冀地区与非京津冀地区的城镇居民购买现居住住房所用的平均搜寻时间相差不大。

如图 4 所示，全国城镇居民购买现居住住房时的平均搜寻频率为 7.5 次/月。其中一、二、三线城市城镇居民购买现居住住房时的平均搜寻频率为 8次/月左右，而四、五线城市城镇居民购买现居住住房时的平均搜寻频率分别为5.8次/月和4.9次/月。京津冀地区城镇居民购买现居住住房时的平均搜寻频率为5.1次/月，远小于非京津冀地区的8.7次/月。

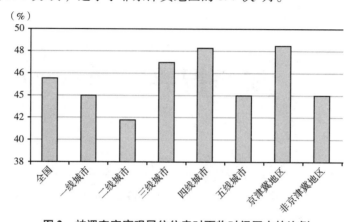

图2　被调查家庭现居住住房时面临时间压力的比例

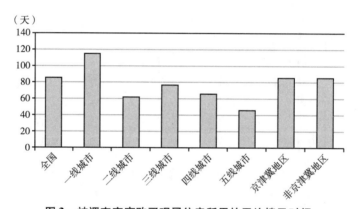

图3　被调查家庭购买现居住房所用的平均搜寻时间

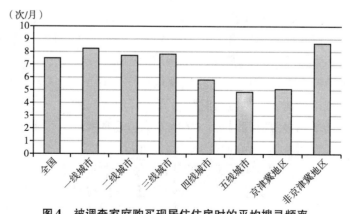

图4　被调查家庭购买现居住住房时的平均搜寻频率

如图 5 所示，全国有 17.0% 的城镇居民购买现居住住房时使用经纪人，分各线城市来说，五线城市的城镇居民仅有 6.1% 购买现居住住房时使用经纪人，其他各线城市的这个比例均在 15% 左右。京津冀地区有 14.7% 的城镇居民购买现居住房屋时使用经纪人，而非京津冀地区这个比例为 18.2%。

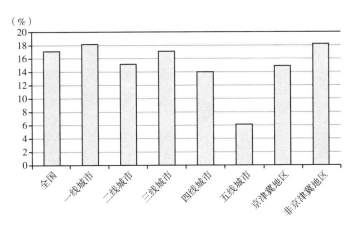

图 5　被调查家庭购买现居住住房时使用经纪人的比例

如图 6 所示，全国有 19.2% 的城镇居民以前接受过经纪服务，分各线城市来说，五线城市的城镇居民仅有 5.1% 以前接受过经纪服务，三线城市的这个比例为 13.6%，其他线城市的这个比例均在 19% 左右。京津冀地区和非京津冀地区这个比例均为 19% 左右。

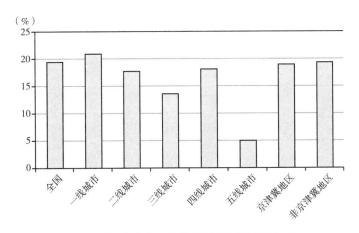

图 6　被调查家庭以前接受过经纪服务的比例